Spanische Küche

Spanische Küche

Über 100 traditionelle Rezepte
aus den spanischen Regionen

P E P I T A   A R I S

KÖNEMANN

This book was designed and produced by
Quintet Publishing Limited
6 Blundell Street
London N7 9BH

Creative Director: Richard Dewing
Designer: Ian Hunt
Project Editor: Helen Denholm
Editor: Michelle Clarke
Photographer: Nelson Hargreaves
Photographic Stylist: Pamela Westland

Original title: Spanish Cooking

© 1996 für die deutsche Ausgabe
Könemann Verlagsgesellschaft mbH
Bonner Str. 126, D-50968 Köln
Redaktion und DTP-Satz der deutschen Ausgabe:
Thomas Heider, Bergisch Gladbach
Übersetzung aus dem Englischen:
Cornell Ehrhardt, Goldenstedt
Druck und Bindung: Sing Cheong Printing Co., Ltd.
Printed in Hong Kong

ISBN 3–89508–183–3

Inhalt

Die Regionen Spaniens

Spanien hat eine größere geographische Vielfalt als jedes andere europäische Land. Obwohl seine Grenzen klar definiert sind, ist es erst seit knapp 500 Jahren eine geeinte Nation. Daher ist der Sinn für die eigene Identität in den einzelnen Regionen stärker ausgeprägt als das Nationalbewußtsein. Die Kochkunst bringt die Eigenständigkeit der Regionen deutlich zum Ausdruck.

Zwei Aspekte prägen die kulinarischen Traditionen fast des gesamten Landes. Die Mauren, die fast 800 Jahre blieben, brachten Spanien die Anfänge eines kultivierten Lebens sowie eine bemerkenswerte Küche, die bis heute überlebt hat. Der zweite Umstand, der starken Einfluß auf die Küche hatte, ergab sich aus dem Bestreben, die Ungläubigen aus dem Land zu vertreiben. Spanien schloß sich sozusagen „hinter dem Schwein" zusammen, denn weder Mauren noch Juden aßen Schweinefleisch, und die Zubereitung von Schwein wurde fast zum Bestandteil der christlichen Religion.

Ein weiterer Faktor ist Ausdruck der Lebenshaltung und des guten Geschmacks der Spanier. Die Achtung *vor* und das Interesse *an* erstklassigen Zutaten ist allgegenwärtig. Spanische Rezepte mögen einfach erscheinen, sind jedoch wohldurchdacht, um Speisen hervorragender Qualität ohne unnötigen Aufwand zuzubereiten. Das Ergebnis ist eine unkomplizierte, aber äußerst schmackhafte Küche.

Der Süden und der Westen

Jedes typische Spanienbild zeigt Andalusien: Orangenbäume und ein Krug mit eisgekühlter *sangría*, Flamenco und Stierkampf, die braunen Sierren mit ihren weißgetünchten Dörfern an den Hängen. Andalusien nimmt ein Sechstel der Gesamtfläche Spaniens ein. Es grenzt an den Atlantik, umfaßt die hohen Berge um Granada (wo das ganze Jahr über Schnee liegt) und das Ödland von Almería (das seit kurzem unter Kunststoff erblüht). Einige der bekanntesten Touristenstrände befinden sich hier, an Europas wärmster Küste.

Die Mauren prägten die Landschaft durch das Anpflanzen von Oliven- und Orangenbäumen. Ihr Einfluß auf die Küche ist ebenso deutlich zu erkennen: Gewürze wie Kreuzkümmel und Safran, die Verwendung von Nüssen, im Mörser zerstoßen, eine Vorliebe für das Braten mit Olivenöl. Gekühlte Suppen, über offenem Feuer gegrillte Fleischspieße, ihre Methode, Fisch zu marinieren, Mandelkonfekt und *membrillo* (eine feste Quittenpaste) sind noch immer verbreitet.

Tapas wurden hier erfunden: kleine Appetithappen, wie Oliven, Salzmandeln oder dunkelroter, roher Schinken mit Brot. Die Schinkenkeulen hängen über allen Bartresen. Sie werden in der kalten Luft der Sierren gepökelt und getrocknet – und heißen daher auch *serrano*. Jabugo-Schinken ist der bekannteste.

Die Costa del Sol ist bekannt für ihren gebackenen Fisch. In Cádiz ist *pescado frito* eine Spezialität, und in jedem Strandlokal an der Küste bekommt man *calamares*, die beliebten Tintenfischringe in Ausbackteig. Überdies gibt es ausgezeichnete Fischsuppen, winzige fritierte Fische, die *chanquetes* heißen, Fischtöpfe mit Hai, Rochen

Die Stierkampfarena von Ronda in Andalusien, der Heimat des Stierkampfes.

mit Paprika und gegrillte Schwertfischsteaks. In Jerez –
die Stadt, von der sich das Wort Sherry herleitet – wird
ein trockener, heller *fino* hergestellt, der zu den großen
Weißweinen der Welt gehört. Hier trinkt man ihn ge-
kühlt zu Fisch. In der Küche verfeinert man damit die
Sauce von Ochsenschwanz, Nierchen oder köstlichen
Kalbfleischgerichten.

Sevilla kann sich rühmen, die Orangen in Europa eingeführt zu haben – „Ente mit Orangen" wurde hier erfunden –, und viel später kamen auch Tomaten und
Paprika aus Amerika über Sevilla in die Alte Welt. All
diese Zutaten finden in der Regionalküche Verwendung.
Andalusien hat außerdem viel von den Zigeunern über-
nommen. Ihr beliebtes Gericht *huevos flamencos* ist eine
farbenfrohe Mischung aus Eiern, Paprikaschoten, Garnelen und/oder Wurst. Und es gibt Zigeunereintöpfe mit
Bohnen, Gemüse und Obst sowie schmackhafte Gerichte mit Kutteln, Wurst und Kichererbsen.

Oberhalb Andalusiens, im Westen Spaniens, liegt an
der Grenze zu Portugal die Estremadura. Ihr Name lei-
tet sich aus dem 13. Jahrhundert her und bedeutet „jenseits des Duero gelegen". Sie ist eine der schönsten Hü-
gellandschaften Spaniens. Schafe und Schweine grasen
unter Korkeichen und immergrünen Steineichen. Lammfleisch ist hier eine Delikatesse. Es wird gebraten oder
als Ragout mit Lammleber zubereitet, *caldereta extremeña*.

Viele berühmte spanische Entdecker wie Pizarro und
Cortés stammten aus dieser armen Gegend und verlie-

Ein wunderschöner Erker in Trujillo.

*Wandfliesen von der Plaza de España in Sevilla zeigen León, einst
ein Königreich im Norden Spaniens.*

Fliesen aus dem Alcázar in Sevilla. Die weißen Linien sind ein typisches Merkmal maurischer Dekore.

ßen ihre Heimat, wie andere es heute noch tun, um ihr Glück zu suchen. Die Speisen sind bescheiden, werden aber in großzügigen Portionen serviert. Geröstete Brotwürfel, die *migas* heißen, Gemüsesuppen und Gerichte mit Tomaten oder Innereien sind die Alltagskost. Die Schinken sind bekannt, die Würste ausgezeichnet.

Wildlebende Tiere sind eine Spezialität der Estremadura, darunter Froschschenkel und Schleie im Herbst, Wildgeflügel jeder Art und sogar Eidechsen. Europas verschwenderischstes Fasanenrezept wurde hier im Kloster von Alcántara erfunden, doch essen es die Mönche heute nicht mehr.

Zentralspanien

Mittelspanien wird von Kastilien, einem riesigen Hochplateau, beherrscht. Hier befindet sich Madrid, das erst vor 400 Jahren zur Hauptstadt erwählt wurde.

Südlich davon liegen Neukastilien und La Mancha. Dies ist das Land von Don Quixote und den Windmühlen – eine weite Ebene, bitterkalt im Winter und brennend heiß im Sommer. Die Kost ist einfach: Fleischklößchen, Kichererbsen und *pisto manchego*, mit Tomaten geschmortes Gemüse. Die Armen essen überall Eier, und die *tortilla* wurde hier erfunden.

Das strenge Klima hat kräftige, unverfälschte Aromen hervorgebracht. Knoblauchsuppen sind beliebt, und die Gerichte der Regionalküche enthalten Thymian und Kreuzkümmel. Letzterer wurde von den Arabern eingeführt,

Eine Statue der Jungfrau mit dem Kind in der Kathedrale San Isidro in Madrid. Der heilige Isidor ist der Schutzpatron von Madrid.

Eine enge Gasse mit weißgetünchten Häusern in San Roque.

als sie begannen, Safran anzubauen. In Kastilien wächst heute der beste Safran der Welt. Wenn sich die Gelegenheit bietet, kommt Wildgeflügel auf den Tisch: Rebhühner werden mit Wein und Essig geschmort, oder man nimmt sie für *gazpacho manchego*, eine Art Wildragout.

Altkastilien, das von Madrid durch die Guadarrama-Berge getrennt ist, reicht bis zu den Bergen an der spa-

Eine Fliesentafel, die für eine tapas-Bar wirbt.

nischen Nordküste. Es weiden viele Schafe hier, und ihre Milch wird zur Herstellung von *manchego* verwendet, dem bekanntesten spanischen Käse.

Altkastilien ist ein Land der Burgen und die *zona de asados*, wo Braten nach alter arabischer Sitte in Kuppelöfen zubereitet werden. Sepúlveda ist für seine Milchlämmer bekannt, Arévolo für seine Spanferkel. Ärmere Familien essen Bohnen, Linsen und Kichererbsen, wie die hervorragenden *garbanzos con chorizos*, die mit spanischer Paprikawurst gekocht werden. Altkastilien ist der Brotkorb Spaniens, wo der Weizen für die großen, runden Weißbrote wächst.

Eine Fläche dieser Größe umfaßt viele eigenständige Regionen. Das alte gebirgige Königreich León im Nordwesten ist für seine Wild-, Forellen- und Bohnengerichte bekannt. In der nordöstlichen Ecke von Kastilien (südlich des Baskenlandes) liegt Rioja, die Region, in der der beste Rotwein Spaniens wächst und auch ausgezeichneter Paprika. *Patatas a la riojana* sind Kartoffeln, die mit Paprika oder Paprikawurst zubereitet werden.

In Madrid findet man alle kulinarischen Richtungen und viele gute Restaurants mit authentischen regionalen Spezialitäten. Madrids Nachtleben und *tapas*-Bars sind berühmt. Die Bewohner der Hauptstadt lieben gutes Fleisch – riesige Steaks und Kalbfleisch von Milchkälbern aus Avila. Gerichte mit dem Zusatz *madrileño* stammen aus alter Zeit, wie zum Beispiel *cocido*, ein gemischter Fleischtopf, der in mehreren Gängen serviert wird.

In Altkastilien gibt es traditionelle kleine Kuchen, die häufig von Nonnen gebacken werden. Das gelbe Eidotterkonfekt *yemas* aus Avila ist berühmt.

Die Nordküste

Den Wogen des tosenden Atlantik ausgesetzt, hat die spanische Nordküste nur wenig mit den Badestränden des Südens gemein. Es ist die „keltische Randzone" des Landes. Die Landschaft ist dunstig und grün, und in Galicien werden Kohl, weiße Rüben, Kartoffeln und Kopfsalat für ganz Spanien angebaut.

Im Nordwesten Spaniens trifft man überall auf *horreos*, kleine Speicher, die auf Steinstützen hoch über dem Boden stehen und in denen Mais und Käse gelagert werden. Hier, wo der Atlantikwind unaufhörlich bläst, gibt es starke Alkoholika, wie *queimada*, ein grogähnliches Getränk aus galicischem Tresterschnaps, *aguardiente*, der flambiert wird.

Die Regionalküche bietet einige der besten Fischtöpfe der Welt. Dies liegt nicht an raffinierten Rezepten – die

Zubereitung ist extrem einfach –, sondern daran, daß es hier den frischesten Fisch ganz Europas gibt.

Die Meeresfrüchte sind berühmt: Krake (Octopus), Austern, große Miesmuscheln und Jakobsmuscheln, die das Erkennungszeichen der Pilger sind, die das Grab des Apostels Jakobus in Santiago de Compostela besuchen. Es gibt erstklassige Langusten und eigenartige schwarze Entenmuscheln, die *percebes* heißen.

Galicien unterscheidet sich in vielem vom übrigen Spanien. Ein kulinarisches Beispiel sind die einzigartigen galicischen Teigpasteten *empanadas*. Oft besteht die Füllung aus Schalen- und Krustentieren, wunderbaren Sardinen oder Schweinefleisch mit Paprikaschoten. Galicien ist die einzige Region Spaniens, in der Roggen- und Maisbrote gebacken werden. Als Bratfett ist Schweineschmalz üblich; Rezepte der Regionalküche enthalten selten Olivenöl oder Knoblauch. Am bekanntesten sind Suppen wie *caldo gallego* und Gerichte wie *lacón con grelos*, eine Art Schweinshaxe mit den Blättern weißer Rüben.

Einige Spezialitäten der Gegend sind in ganz Spanien bekannt, wie der Mandelkuchen, der zum Jakobustag gebacken wird, und Kapaune, die gemästet werden. Kleine grüne Paprikaschoten, die *de Padrón* heißen, werden hier angebaut. Man ißt sie fritiert im Dutzend.

Im hügeligen Süden Galiciens, wo das Leben karg ist, wachsen Kastanienwälder. Maronen ißt man hier täglich. Es werden süße *marrons glacés* daraus hergestellt, die Alexandre Dumas für die besten der Welt hielt.

Parallel zur Nordküste verläuft eine 500 km lange Bergkette mit bis zu 2500 m hohen Gipfeln. Sie reicht bis nach Galicien, verläuft im Westen bogenförmig um León und im Osten unterhalb von Santander. Sie trennt Kantabrien, die Küstenregion Altkastiliens, ab. Ihren Mittelteil bildet Asturien, eine ungezähmte Landschaft, mit Wildtauben und Rebhühnern, Rotwild, Forellen und Lachsen. Asturien ist Spaniens Bergbauregion.

Asturien ist das Land der Würste, die Heimat der *morcilla*, einer geräucherten Blutwurst, die Bestandteil des asturischen Bohneneintopfes *fabada* ist.

Asturien liefert die beste Milch Spaniens, aus der der cremige Blauschimmelkäse *cabrales* hergestellt wird. Milchpuddinge haben hier Tradition. Mehr als 250 verschiedene Apfelsorten wachsen an der Nordseite der Berge, und die Küste ist für Apfelkuchen und ihren moussierenden, starken Apfelwein *sidra* bekannt.

Der kantabrische Küstenstreifen bildet einen Korridor zwischen dem Baskenland und den Regionen im Nordwesten. Viele spanische Familien verbringen hier ihren Urlaub und essen die örtlichen Venusmuscheln oder junge Sardinen in Saucen und einfache Gerichte. Die Stadt Santander hat eine ausgezeichnete Küche, in der sich die Kochkunst des Baskenlandes widerspiegelt.

Bergdörfer mit steilen Gassen wie diese findet man überall in Spanien.

Das Dach der berühmten Casa Battló von Antoni Gaudí in Barcelona.

Das Baskenland ist die selbstbewußteste Provinz Spaniens. Zwischen dem Golf von Biscaya und den Bergen zu Frankreich gelegen, hat das Baskenland auch eigene kulinarische Traditionen. Es gibt auch Gerichte französischer Art, wie das weiche, „unspanische" Omelette *piperrada*. Die Basken sind Fischer. Weißer Thunfisch und Fischeintöpfe wie *marmitako* sind berühmt. Vor allem aber verdankt Spanien den Basken den Kabeljau, der zu *bacalao* getrocknet wird. Im Baskenland wird er in einer Sauce aus getrockneten Paprikaschoten gegart oder *al pil-pil* in weißer Sauce, die aus dem zum Braten verwendeten Öl und der Gelatine des Fischs entsteht.

Außerdem gibt es köstliche Gerichte wie Seehecht in Petersiliensauce, *merluza en salsa verde*, und ausgezeichnete gebratene Seezunge. Andere Delikatessen sind *txangurro* (gefüllte Meerspinne), *angulas* (Glasaale) und *kokotxas* (Seehechtpäckchen). Spezialisten sind die *cofradías*, Clubs, in denen sich (ausschließlich) Männer zum Kochen treffen. Geangelte Kalmare, in ihrer Tinte gegart, sind eine Spezialität der baskischen *nouvelle cuisine*.

Weitere Zutaten der baskischen Küche: Milchprodukte, Gemüse, erstklassiges Fleisch, Wild und Pilze aus den Bergen. Schokolade ist eine baskische Leidenschaft.

Die Pyrenäen-Region

Die westlichen Pyrenäen und ihre Ausläufer bilden Navarra, die vielbesuchte Region; früher durchquerten sie die Pilger auf ihrem Weg nach Santiago de Compostela. In den Bergen wachsen ausgezeichnete Lämmer auf. Ihr wohlschmeckendes Fleisch wird gegrillt oder gebraten, oder man bereitet *cochifrito* daraus zu oder *chilindrón*, eine Art Ragout mit getrockneten Paprikaschoten.

Navarras Norden liegt in den Bergen, der Süden hingegen im warmen Ebro-Tal, mit seinen Weingärten und Gemüsefeldern. Tudela ist für seinen Spargel (für *tortillas*) berühmt, Lodoso für seine kleinen, pikanten roten Paprikaschoten, *pimientos del pico*, die mit Fleisch oder Klippfisch gefüllt werden.

Die Forellen der Bergflüsse werden in Wein gegart, in Schinkenschmalz gebraten, gefüllt oder in Schinken gewickelt serviert. Wildkaninchen schmort man mit Schnecken und Wildkräutern; Rebhühner und Tauben werden mit Netzen gefangen. Wachteln mit frischen Kidneybohnen und Täubchen in Rosinen-Pinienkern-Sauce sind weitere regionale Spezialitäten.

Aragonien ist groß und erheblich ärmer als Navarra. Es gibt in Aragonien gute Grillgerichte und ausgezeichnete Schweinefleischprodukte – Schinken in Tomatensauce ist eine lokale Köstlichkeit. Die Küche umfaßt auch Gerichte nach alten Rezepten, wie *bacalao al ajoarriero*, Klippfisch mit Knoblauch, Petersilie und getrockneten roten Paprikaschoten. Entlang der Pyrenäen findet man bis nach Katalonien überall große Obstplantagen, wo kilometerweise Äpfel und Pfirsiche wachsen und herrliche Melonen, *piel de sapo*.

Die Ostküste

Katalonien umfaßt einen Teil der Pyrenäen (und ein Stück der Grenze zu Frankreich) und die Costa Brava. Die Hauptstadt, Barcelona, ist seit über 150 Jahren eine Stadt des guten Essens. Hier haben einige der besten Fischtöpfe ihren Ursprung, etwa *zarzuela* und *suquet*. Es gibt auch einige herrlich verrückte Kombinationen, wie Languste mit Huhn oder Languste in Schokoladensauce. Enten werden mit Feigen zubereitet, junge Gänse mit Birnen. Erstklassige Saucen gehören auch zum kulinarischen Repertoire Kataloniens. *Romesco* zählt dazu, eine Mischung aus gerösteten Haselnüssen und Pfefferschoten, die ganz hervorragend zu gegrillten Meeresfrüchten schmeckt. Eine andere ist die pikante Knoblauchsauce *allioli*, die hier erfunden und andernorts kopiert wurde.

Speisen, die über offenem Feuer gebraten werden, haben ein besonderes Aroma, sogar Gemüse wird so gegart. Es gibt *calçots* (Frühlingszwiebeln) und einen Salat aus gegrilltem Gemüse mit Auberginen, *ecalivada*.

In Katalonien reicht man zu allen Fleischgerichten *pa amb tomàquet* – geröstetes, mit Tomate eingeriebenes Weißbrot. Weit verbreitet ist eine fette Bratwurst, *butifarra*. Die Katalanen haben auch ihren eigenen Fleischeintopf, *escudella* genannt. Sie sind eifrige Pilzesammler. Nudeln sind beliebt, besonders Canneloni und die lokalen Fadennudeln, *fideos*, mit Meeresfrüchten. *Pollo al villaroy* – Hühnerbrust in weißer Sauce– ist auch zu finden.

Cremige Desserts sind beliebt: einfache Nachspeisen wie Frischkäse mit Honig *(mel i mato)* und *crema catalana*, die Creme mit Karamelkruste. Zu festlichen Anlässen werden kleine Nußkuchen serviert, hauptsächlich *panellets*; man trinkt dazu *cava*, einen Schaumwein.

Die Levante nimmt den größten Teil der Ostküste ein. Sie umfaßt Alicante, Valencia mit den berühmten Orangenplantagen und Murcia, sowie zahlreiche Badestrände.

Die Araber bauten hier Reis an, und Murcia und Valencia haben einige Safranreisgerichte, z. B. *el caldero* und *arroz a banda*. Bei beiden wird der Reis in Fischfond gekocht und mit *allioli* serviert. Vor knapp 200 Jahren hat man hier die Paella erfunden. Die Reisfelder sind auch für Aale bekannt, *all i pebre*, die mit Knoblauch und Paprika, zubereitet werden.

Schmackhafte Fische, Schalen- und Krustentiere kommen aus dem Binnenmeer Mar Menor. Das bekannteste Gericht ist Wolfsbarsch oder Meeräsche, in Salzkruste gegart. Salz braucht man auch für *mojama*, getrockneten Thunfisch. In Gärten und Plantagen, die bereits von den Arabern angelegt wurden, wachsen wundervolle Gemüse, Orangen, Feigen, Muskatellertrauben und Datteln. Noch heute wird aus gemahlenen Erdmandeln, *chufa*, das sommerliche Milchgetränk *horchata* zubereitet. Und Jijona ist berühmt für *turrón*, eine Süßigkeit aus gerösteten Mandeln und Honig.

Die Balearen wurden von verschiedensten Kulturen geprägt. Oliven und Mandelbäume wachsen hier und wilde Kapern und Kräuter, was sich in der Küche widerspiegelt. Der Marinestützpunkt auf Menorca wurde über 100 Jahre von Engländern und Franzosen besetzt. Die Engländer ließen „zum Dank" den Gin zurück, der *en pallofa* getrunken wird. Die Franzosen fanden um 1770 in Mahón die *mahonesa* vor – und nahmen sie als französische Erfindung nach Hause mit!

Weitere Köstlichkeiten: *Ensaimada*, das beste Blätterteiggebäck des Mittelmeers, und *sobrasada*, eine streichfähige Paprikawurst. Ansonsten besteht die Regionalküche aus Fisch und Langusten, *langosta*, die mit Kräuterschnaps verfeinert werden, sowie rustikalen Gemüsegerichten wie *oliagua*-Suppen und *tumbet*. Auch Teigpasteten und pizzaähnliche *cocas* gibt es auf den Inseln.

Das Kloster Montserrat, Kataloniens Nationalheiligtum, wo Wagner zu seiner Oper „Parsifal" inspiriert wurde.

KAPITEL 1

Andalusien

Andalusien nimmt den gesamten Süden ein und erstreckt sich
von Huelva am Atlantik bis nach Almería am Mittelmeer.
Es bietet zwei typische Merkmale des sonnigen Spanien: die
Touristenstrände und die Welt des Flamenco und des
Stierkampfs. Hier kann man die Küche der Mauren genießen
– kalte Suppen, Fleischspieße und Mandelgebäck – und auch
Gerichte der Zigeuner. Andalusien ist das Land der Oliven,
der Orangen und der erfrischenden eisgekühlten sangría.

Kalte rote Gazpacho-Suppe

○

GAZPACHO ROJO

Das Rezept für diese Suppe, die mit Essig verfeinert und mit Brot und Öl gebunden wird, geht vermutlich auf die Römer zurück. Paprikaschoten und Tomaten kamen nach der Entdeckung Amerikas hinzu. In arabischer Zeit wurden die Zutaten in einem großen Steinmörser zerstoßen, doch heute gibt es auf jedem Bauernhof einen Pürierstab für das Gemüse. In Restaurants reicht man viele kleine Schälchen mit Extrazutaten.

FÜR 6 PERSONEN

*2 Scheiben altbackenes
  Weißbrot, ohne Rinde*
1 kleine Zwiebel, gehackt
*2 Knoblauchzehen, feinge-
  hackt*
2 EL Olivenöl
1 TL grobes Salz
*1 Salatgurke, entkernt,
  gehackt, ein Teil
  ohne Schale*

*1 große rote Paprikaschote,
  die Samen entfernt, in
  Stücke geschnitten*
*4–5 große reife Tomaten,
  abgezogen und entkernt*
*2 EL Rotweinessig oder
  Sherry-Essig*
*850 ml eiskaltes Wasser
eine Messerspitze
  Cayennepfeffer*

ALS SUPPENEINLAGE (NACH BELIEBEN)

*4 EL geröstete Weißbrot-
  würfel*
*2 hartgekochte Eier,
  geschält und gehackt*
*4 EL gehackte rote und/oder
  grüne Paprika*

*4 EL gehackte Gemüse-
  zwiebeln oder Frühlingszwiebeln*
*grüne oder schwarze Oliven,
  entsteint und gehackt*

Das Brot in Wasser einweichen und ausdrücken. Dann zusammen mit der Zwiebel, Knoblauch, Olivenöl und Salz im Mixer (oder Küchenmaschine) pürieren.

Die Gurken- und Paprikastücke hinzufügen, anschließend Tomaten und Essig zugeben. (Bei einem kleinen Gerät müssen die Zutaten evtl. in zwei Partien püriert werden.) Das Püree für wenigstens 12 Stunden – am besten über Nacht – in den Kühlschrank oder für etwa 30 Minuten in das Gefrierfach stellen. Zum Servieren mit eiskaltem Wasser (keine Eiswürfel!) verdünnen und mit Cayennepfeffer abschmecken. Die Extrazutaten separat in kleinen Schälchen reichen.

Fischsuppe mit Kartoffeln und Mayonnaise

○

GAZPACHUELO

Der Essig in dieser warmen Suppe stellt die Verbindung zum *gazpacho* her. Ziel ist, ein oder zwei Portionen Fisch so zu strecken, daß man eine Suppe für sechs Personen erhält. Am besten nimmt man Fischfond, doch schmeckt die Suppe auch, wenn sie mit Wasser zubereitet wird.

FÜR 4–6 PERSONEN

1–2 kleine Fische (etwa Meerbarbe oder Seezunge), geschuppt und filetiert	*750 g neue Kartoffeln*
	1/2 TL Salz
	300 ml Mayonnaise
	2 EL Weinessig
etwa 750 ml Wasser	

FÜR FISCHFOND ZUSÄTZLICH (NACH BELIEBEN)

Köpfe von 500 g Garnelen	*einige Stengel Petersilie*
1 Stange Bleichsellerie, gehackt	*1 Lorbeerblatt*

Die Köpfe und Gräten vom Fisch sowie evtl. die zusätzlichen Zutaten für den Fischfond mit dem Wasser in einen Topf geben. Alles etwa 25 Minuten köcheln lassen. Zwischenzeitlich die Kartoffeln schälen und würfeln.

Den Fond durch ein Sieb gießen, zurück in den Topf geben und Kartoffeln und Salz zufügen. Die Kartoffeln kochen, bis sie weich sind, dann den in kleine Stücke geschnittenen Fisch zugeben und das Ganze 5 Minuten garen. Die Kartoffel- und Fischstücke in eine Servierschüssel geben.

Die Brühe etwas abkühlen lassen (wird selbstgemachte Mayonnaise verwendet, diese nun zubereiten). Dann die Mayonnaise in die Brühe rühren, so daß eine cremige Suppe entsteht. Die Suppe über Kartoffeln und Fisch gießen. Abschmecken, Essig unterrühren und warm servieren. Evtl. zusätzlich eine Karaffe mit Essig reichen.

Pikante Fleischspießchen, maurische Art

○

PINCHITOS MORUNOS

Die ersten Fleischspieße kamen mit den Arabern nach Europa. Heute ißt man sie überall in Spanien als *tapa*, doch werden sie zumeist nicht mehr mit Lamm, sondern mit Schweinefleisch zubereitet. Im Süden gibt es fertige Gewürzmischungen für Fleischspieße zu kaufen. Ich habe Curry als Teil meiner Mischung verwendet, da er Kreuzkümmel und die benötigten Kräuter enthält.

FÜR 6 PERSONEN ALS TAPA

500 g mageres Schweinefleisch, in kleine Würfel geschnitten	*1/2 TL Koriandersamen*
	1 TL Paprika
	1/4 TL getrockneter Thymian
2 Knoblauchzehen, feingehackt	*frisch gemahlener schwarzer Pfeffer*
2 TL Salz	*3 EL Olivenöl*
1 TL milder Curry	*1 EL Zitronensaft*

Den Knoblauch mit dem Salz in einem Mörser (oder mit einem Messer auf einem Brett) zerdrücken, dann übrige Zutaten unterheben. Je 3–4 Fleischwürfel auf kleine Spieße stecken. Die Spieße auf flachem Teller gründlich in der Gewürzmischung wenden und einige Stunden durchziehen lassen. Die *pinchitos* auf den Rost eines Gartengrills oder auf Alufolie in den Küchengrill legen und bei starker Hitze ca. 3 Minuten auf jeder Seite garen.

Lammnierchen in Sherry-Sauce

○

RIÑONES AL JEREZ

In Spanien wird dieses Gericht in fast allen *tapas*-Bars serviert, doch läßt es sich zu Hause auch mit Reis oder Nudeln als Hauptgericht zubereiten.

FÜR 6 PERSONEN ALS TAPA ODER
FÜR 4 PERSONEN ALS HAUPTGERICHT

10 frische Lammnieren
1 große Gemüsezwiebel, gehackt
4 EL Olivenöl
100 g Frühstücksspeck, Schinken oder pancetta (aus einem Feinkostgeschäft), in Würfel geschnitten

1 Knoblauchzehe, feingehackt
2 EL Mehl
125 ml Sherry (fino) oder Montilla
1 EL Tomatenmark
2 Zweige frischer Thymian
Salz und frisch gemahlener schwarzer Pfeffer

In einer großen Pfanne die Zwiebeln bei schwacher Hitze in 2 EL Öl weichbraten. Gewürfelten Frühstücksspeck, Schinken oder *pancetta* sowie den Knoblauch dazugeben. Die dünnen Häutchen und Fettkern in der Mitte der Lammnieren entfernen. Die Nieren in große Würfel schneiden. Zwiebeln und Speck aus der Pfanne nehmen und beiseite stellen. Weitere 1–2 EL Öl in die Pfanne geben.

Lammnierchen bei starker Hitze in kleinen Portionen anbraten, dabei durchrühren. Sobald die Poren geschlossen sind, Nierchen an den Rand der Pfanne schieben und die nächste Portion zugeben. Wenn alle Nierchen angebraten sind, Zwiebeln und Speck hinzufügen, Mehl darüberstäuben, unterrühren. Sherry, Tomatenmark, Thymian dazugeben; alles köcheln und würzen.

Marinierte Sardellen auf maurische Art

○

ESCABECHE DE BOQUERONES

Dies ist ein uraltes Rezept zum Einlegen kleiner Fische, das bis heute überlebt hat, weil es so köstlich ist. Die Küste bei Nerva ist bekannt für ihre reichen Sardellenfanggründe. In Málaga werden je vier Fische fächerförmig am Schwanz zusammengedrückt und gebraten, doch ist dies für das Gelingen des Rezepts nicht ausschlaggebend.

FÜR 8 PERSONEN

1 kg frische Sardellen oder Sardinen oder Stinte	*einige Safranfäden*
6–8 EL Olivenöl	*1 TL Kreuzkümmelsamen*
etwa 50 g Mehl	*1 TL gemahlener Ingwer*
Salz und frisch gemahlener schwarzer Pfeffer	*250 ml Rotweinessig*
	4 Lorbeerblätter
6 Knoblauchzehen, feingehackt	*1 Zitrone, in dünne Scheiben geschnitten*

Fischköpfe abtrennen und Eingeweide mit herausziehen. Fische dann am Bauch bis zum Schwanz aufschneiden und unter fließendem Wasser säubern. Dann mit der Hautseite nach oben auf ein Brett legen und kräftig mit dem Daumen auf die Rückengräte drücken. So liegen die Fische später flach, und Rückengräte und Schwanz lassen

sich gut entfernen. In einer großen Pfanne 4 EL Öl erhitzen. Die Fische auf einem Backblech mit gewürztem Mehl bestäuben, dann sofort braten (insgesamt ungefähr 4 Partien). Fische mit der Hautseite nach unten in die Pfanne legen und nach 1–2 Minuten wenden. Gebratene Fische auf Küchenkrepp abtropfen. Die Pfanne zwischen den einzelnen Partien von der Kochstelle nehmen und nach Bedarf weiteres Öl hinzufügen.

Den Knoblauch im verbliebenen Öl braten, dann in einen Mörser oder eine kleine Kräutermühle geben. Eine Prise Salz, Safran, Kreuzkümmel und Ingwer zugeben und alles zu einer Paste verarbeiten. Essig unterrühren.

Fische mit der Hautseite nach oben in ein Keramikgefäß legen. Werden sie in 24 Stunden verzehrt, kann das Gefäß flach sein, möchte man sie aufbewahren, sollte es enger und höher sein. Gewürzpaste mit 250 ml Wasser verrühren und Fische damit übergießen. Soll der marinierte Fisch aufbewahrt werden, zusätzlich Essig und Wasser zugeben, damit die Fische bedeckt sind. Lorbeerblätter und dünn geschnittene Zitrone darauflegen. Vor dem Verzehr 12 Std. im Kühlschrank ziehen lassen. Die Fische sind eine Woche haltbar.

Viele Gerichte Südspaniens werden mit Knoblauch zubereitet.

Dicke Bohnen mit Schinken, Ronda-Art

○

HABAS A LA RONDEÑA

Dieses Gericht aus frischen dicken Bohnen erfreut sich überall in Spanien großer Beliebtheit und wird daher zuweilen auch einfach *española* genannt. Es enthält rohen *serrano*-Schinken. Das Gericht läßt sich auch gut mit tiefgekühlten dicken Bohnen zubereiten. Im Sommer, wenn es im Süden praktisch keine Petersilie gibt, nimmt man rote Parikaschoten oder Tomaten als Garnierung.

FÜR 6 PERSONEN

1 kg junge enthülste (oder tiefgefrorene) dicke Bohnen	*1 Knoblauchzehe, fein-gehackt*
175 g Gemüsezwiebel, gehackt	*Salz und frisch gemahlener schwarzer Pfeffer*
4 EL Olivenöl	*4 hartgekochte Eier, geschält und gehackt*
175 g roher Schinken oder Schinkenspeck, in Würfel geschnitten	*50 g frische Petersilie, gehackt*

In einem Schmortopf Zwiebeln im Öl weichbraten. Schinken oder Schinkenspeck und Knoblauch zugeben und alles leicht braun braten. Dicke Bohnen unterrühren (bei tiefgefrorenen ist kein Wasser nötig, bei frischen 115 ml dazugießen). Deckel auflegen und die Zutaten köcheln lassen, bis die Bohnen weich sind; dabei gelegentlich umrühren. Bei frischen wie bei gefrorenen Bohnen beträgt die Garzeit etwa 10 Minuten. Die Bohnen kräftig würzen, die gehackten Eier unterheben und heiß werden lassen. Die Petersilie unterrühren und servieren.

Hähnchen mit Oliven

○

POLLO CON ACEITUNAS

In diesem Gericht kommt das Aroma von Hühnerfleisch durch Sherry und Oliven besonders gut zur Geltung. Es schmeckt lecker, wenn man es heiß, direkt aus dem Schmortopf, serviert, ist aber kalt, mit der gelierten Garflüssigkeit, noch besser. Zerlegt man das Huhn vor der Zubereitung, ist es schneller gar und die Sauce wird kräftiger. In Spanien ißt man es mit Brot.

FÜR 4 PERSONEN

1 Mais-Hähnchen (etwa 1,25 kg), in 4 Stücken , Rückenknochen entfernt	*Salz und frisch gemahlener schwarzer Pfeffer*
2 Zwiebeln, gehackt	*24 grüne Oliven*
2 EL Olivenöl	*175 ml Sherry (fino) oder Montilla*
3 Knoblauchzehen, gehackt	*2 Lorbeerblätter*

In einem Schmortopf die Zwiebeln im Öl braten. Wenn sie weich werden, Knoblauch zugeben. Hühnerteile salzen und pfeffern. Zusammen mit dem Rückenknochen nebeneinander in den Topf legen, Zwischenräume mit Oliven füllen. Sherry und Lorbeerblätter zugeben und ca. 350 ml Wasser zugießen, so daß das Geflügel fast mit Flüssigkeit bedeckt ist. Bei aufgelegtem Deckel 30–35 Minuten köcheln lassen. Geflügelteile aus dem Topf nehmen und einige Minuten abkühlen lassen. Knochen und Haut entfernen, zurück in den Topf geben und alles noch 10 Minuten kochen lassen, damit die Flüssigkeit noch aromatischer wird und später besser geliert. Abschmecken. In der Zwischenzeit das Hühnerfleisch in große Stücke schneiden und mit den Oliven in flacher Schüssel anrichten. Garflüssigkeit in eine Schüssel sieben und Fett ganz abschöpfen. Über das Geflügel schöpfen; zum Gelieren kalt stellen.

Ente mit Pomeranzen und Oliven, nach Art von Sevilla

○

PATO A LA SEVILLANA

Das Originalrezept für „Ente mit Orange" stammt aus Sevilla – der Stadt, die im 11. Jahrhundert Bitterorangen in Europa einführte. Der Pomeranzensaft und die Oliven lassen die Ente fettlos erscheinen. Hier eine elegante moderne Version.

FÜR 4 PERSONEN

1 bratfertige Ente (vorzugsweise Barberie-Ente)	*1 Pomeranze (oder 1 Orange und 1/2 Zitrone)*
Salz und frisch gemahlener schwarzer Pfeffer	*1 Lorbeerblatt*
2 EL Olivenöl	*8–10 Stengel Petersilie, zerdrückt*
1 Zwiebel, feingehackt	*150–500 ml Entenbrühe, aus dem Entenklein gekocht (oder Hühnerbrühe)*
1 grüne Paprikaschote, Samen entfernt, gehackt	
1 große Tomate, abgezogen, entkernt und gehackt	
1 EL Mehl	*2 große Wintermöhren*
200 ml Sherry (fino) oder Montilla	*150 g grüne Oliven, abgespült*

Die Ente in 4 Stücke zerlegen, dabei den Rückenknochen, sichtbares Fett und herabhängende Haut entfernen. Die Ententeile würzen und die Haut mehrmals einstechen. Das Öl in einem kleinen Schmortopf erhitzen und das Geflügel rundum bräunen.

Die Ente aus dem Topf nehmen und das Fett bis auf 2 EL abschöpfen. In diesem Fett die Zwiebeln braten, bis sie weich sind; zwischendurch Paprika- und Tomatenstücke zugeben. Mehl darüberstreuen und unterrühren. Sherry angießen; rühren, bis die Flüssigkeit leise kocht.

Die Entenstücke dicht nebeneinander in den Topf legen und den Rückenknochen sowie 2 dünne Streifen Pomeranzenschale dazwischenstecken. Die Pomeranze (oder Orange und Zitrone) in Scheiben schneiden – aber nicht schälen – und zusammen mit dem Lorbeerblatt und den Petersilienstengeln um das Geflügel legen. Brühe angießen, bis die Zutaten fast mit Flüssigkeit bedeckt sind. Den Deckel auflegen und alles 45 Minuten köcheln lassen.

Die Möhren der Länge nach vierteln. Die Mittelteile entfernen und die Möhren in olivengroße Stücke schneiden. Die Ecken mit dem Messer abrunden, so daß ovale Formen entstehen. Die Möhren 5 Minuten in kochendem Wasser vorgaren. Die Ententeile aus dem Topf nehmen. Rückenknochen, Petersilie, Zitrusschale und Lorbeerblatt wegwerfen. Die Sauce durch ein Passiersieb streichen (möglichst keinen Mixer benutzen). Das Geflügel zurück in den Topf legen und die Sauce dazugießen.

Die Oliven und die Möhrenstücke hinzufügen und alles 10 Minuten garen, bis die Möhren weich sind.

Ententeile mit einem Schaumlöffel auf eine Servierplatte heben. Mit den Möhren und Oliven umlegen und warm stellen. Die Sauce, wenn nötig, etwas einkochen. Um Fett zu entfernen, das an der Oberfläche schwimmt, in Streifen geschnittenes Küchenkrepp darüberziehen. Die Sauce abschmecken, die Ente übergießen und sofort servieren.

Eiscreme mit Rosinen und Málaga

○

HELADO DE PASAS DE MALAGA

Desserts gibt es hier im Süden aus dem Weinglas: zuckersüße *olorosos*, Málaga-Dessertweine – die wie Sultaninen schmecken – und Weine, die aus der Pedro-Ximénez-Traube hergestellt oder damit gesüßt werden. *Viña 25* ist eine Sorte, nach der man Ausschau halten sollte. Hier ist ein Dessert, das sich mit dem Löffel essen läßt. Eiscreme (gewöhnlich gekauft und nicht selbstgemacht) ist sehr beliebt in Spanien, doch selten schmeckt sie so köstlich wie diese.

FÜR 4 PERSONEN

100 g Muskatellerrosinen	*250 ml Málaga-Wein oder*
Vanille-Eiscreme für	*süßer Sherry (oloroso)*
4 Personen	

Die Rosinen mit etwa 4 EL kochendem Wasser übergießen und 2 Stunden einweichen lassen. Dann abgießen und unter die Vanille-Eiscreme heben. Das Eis auf 4 Schälchen verteilen. Den Wein oder Sherry darübergießen, anschließend servieren.

Milchreis

○

ARROZ CON LECHE

Diese Nachspeise wird im Süden Spaniens als Nascherei für Rekonvaleszenten und Kinder zubereitet. Eugenia de Montijo nahm das Rezept mit nach Paris, wo es als *riz à l'impératrice* bekannt wurde. Normalerweise wird der Milchreis mit Zimt bestreut, doch kann man ihn auch mit filetierten Mandarinen oder Weintrauben garnieren.

FÜR 6 PERSONEN

75 g Rundkornreis	*6 Eigelb*
1,25 l Milch	*gemahlener Zimt*
1 Vanilleschote, der Länge	*2 Zitronen*
nach halbiert	*225 ml Crème double oder*
250 g Zucker	*Schlagsahne*

Den Reis in einem Sieb unter fließendem Wasser waschen. Dann in einen Topf mit kochendem Wasser geben und 5 Minuten vorgaren. Abgießen und abtropfen lassen. In einem Topf 425 ml Milch erhitzen. Den Reis, eine halbe Vanilleschote und 4 EL Zucker zugeben. Ca. 25 Minuten köcheln lassen, bis der Reis aufgequollen und die Mischung eingedickt ist. Die Eigelb mit restlichem Zucker in einer hitzebeständigen Schüssel über einem Topf mit köchelndem Wasser schaumig schlagen. Verbliebene Milch erhitzen und zur aufgeschlagenen Eimasse gießen. Die andere Hälfte der Vanilleschote dazugeben. Unter ständigem Rühren erhitzen, bis die Eiercreme eindickt und einen Löffel überzieht. Vanilleschote herausnehmen. Den Reis mit der Eiercreme verrühren, eine Messerspitze Zimt hinzufügen. Den Milchreis stehenlassen, bis er kalt ist.

Von den Zitronen 6 runde Stücke Schale abschneiden. Die Schalenstücke 2 Minuten in kochendem Wasser blanchieren, abgießen und unter kaltem Wasser abschrecken. Sahne schlagen und unter den Reis ziehen. Reisdessert in eine flache Schale füllen und Zitronenschale in regelmäßigen Abständen hineindrücken. Gut durchkühlen lassen. Vor dem Servieren mit Zimt bestäuben.

*Die Mauren bauten viele Brunnen, und ihr Stil wurde
im Lauf der Jahre immer wieder kopiert.*

KAPITEL 2

Estremadura

In dieser menschenleeren Region im Westen Spaniens gibt es
mehr Schweine und Schafe als Bewohner. Berühmt für ihre
Schinken und Würste, zeichnet sich die Estremadura
durch ihre landschaftliche Schönheit aus.
In der bodenständigen Regionalküche spielen Tomaten
und Wild eine wesentliche Rolle.

Großmutters Knoblauch-Brot-Suppe

○

SOPA DE LA ABUELA

Brotsuppen mit Knoblauch sind in ganz Spanien das Abendessen der armen Leute. Diese Suppe wird mit Ei und Thunfisch aus der Dose verfeinert, der vermutlich den traditionellen Klippfisch ersetzt.

FÜR 4 PERSONEN

6 Knoblauchzehen	*1 TL scharfer Paprika oder*
4 EL Olivenöl	*süßer Paprika und eine*
4 Scheiben altbackenes Brot	*Prise Cayennepfeffer*
1 l helle Brühe	*4 Eier*
100 g Thunfisch aus der	*1/2 TL Kreuzkümmel-*
Dose, abgetropft	*samen, gründlich*
Salz	*zerstoßen*

Das Öl und den Knoblauch in einen Schmortopf geben und auf mittlere Temperatur schalten. Den Knoblauch herausnehmen, sobald er gar aussieht, und beiseite stellen. Dann das Brot auf beiden Seiten goldbraun rösten. Die Brühe dazugießen und zum Kochen bringen; dabei rühren, um das Brot in Stücke zu teilen. Den Knoblauch und den zerpflückten Thunfisch hinzufügen. Mit Salz und Paprika abschmecken.

Die Eier aufschlagen und bei schwacher Hitze 5 Minuten pochieren. Vor dem Servieren mit dem Kreuzkümmel bestreuen.

Brotwürfel mit Speck und roter Paprika

○

MIGAS EXTREMEÑAS

Geröstete Brotwürfel werden gerne abends oder als kleiner Imbiß gegessen. Meist gibt es dazu eine gebratene rote *chorizo* oder Spiegeleier, die mit Paprika gewürzt und mit Essig beträufelt werden. Diese Version umfaßt einige Extrazutaten und kann auch als Füllung für ein Brathähnchen verwendet werden. Gutes Brot und reichlich Fett ergeben knusprige *migas,* die nicht zu fettig sind.

FÜR 4 PERSONEN

4 dicke Scheiben altbackenes Bauernbrot	2 Knoblauchzehen, zerdrückt
Salz und frisch gemahlener schwarzer Pfeffer	4 EL gewürfelter roher Schinken oder Frühstücksspeck
2–3 EL ausgelassenes Fett von Frühstücksspeck	1 kleine rote Paprikaschote, Samen entfernt, in
2–4 EL Öl	Würfel geschnitten

Die Rinde entfernen und das Brot in Würfel schneiden. Mit Wasser anfeuchten, mit Salz und Pfeffer würzen, in ein Geschirrtuch wickeln und mindestens eine Stunde (traditionell über Nacht) liegen lassen.

Fett und Öl mit den Knoblauchzehen erhitzen. Wenn das Fett raucht, den Knoblauch wegwerfen und den Schinken oder Speck sowie die Paprikastücke braten. Herausnehmen und die Brotwürfel unter ständigem Wenden 12–15 Minuten rösten. Wenn das Brot knusprig ist, Schinken und Paprika dazugeben und würzen.

Gebackene Tomaten mit Schinken und Ei

○

TOMATES ASADOS

Ein Gericht aus gebratenen Tomaten und Schinken. Aus dem Inneren der Tomaten läßt sich eine Sauce kochen, die man mit 3 EL Sherry (fino) verfeinert und auf grünen Bohnen serviert. Eine 250 g schwere Tomate reicht für ein Ei, eine 350-g-Tomate für zwei Eier.

FÜR 4 PERSONEN

4 Fleischtomaten
Salz und frisch gemahlener
*   schwarzer Pfeffer*
eine Prise Thymian
4–8 große Eier

100 g roher Schinken oder
*   4 EL gewürfelter, gebra-*
*   tener Frühstücksspeck*
Öl zum Einfetten

Von den Tomaten einen Deckel abschneiden und beiseite legen. Die Tomaten aushöhlen, innen salzen und umgedreht 10 Minuten liegen lassen.

Dann innen mit Pfeffer und Thymian würzen, mit gehacktem Schinken oder gewürfeltem Frühstücksspeck füllen und in jede Tomate ein aufgeschlagenes Ei geben. Die abgeschnittenen Deckel auf die Tomaten legen (sie verhindern, daß das Eigelb hart wird). Die gefüllten Tomaten in eine geölte Form setzen und für 20 Minuten in den auf 175 °C vorgeheizten Backofen schieben.

Gebratenes Lammfleisch mit Paprika und Essig

○

EL FRITE

Gewürzt wird das zarte gebratene Lammfleisch mit Paprika aus der Region – dem aromatischsten in ganz Spanien – oder mit *guindilla*, der scharfen spanischen Chili, die links im Bild zu sehen ist. Dazu gibt es *Cañamero*, einen vollmundigen Weißwein, der wie Bier aussieht, aber wie trockener Sherry schmeckt. Beides eignet sich ebenfalls gut als Tischgetränk.

FÜR 4 PERSONEN

800 g zarte magere Lammschulter, gewürfelt	*1 guindilla-Schote oder ½ getrocknete Chilischote, ohne Samen, gehackt, oder eine Messerspitze Cayennepfeffer*
1 Scheibe altbackenes Brot	
3 EL Rotweinessig	
2–4 EL Olivenöl	
Salz und frisch gemahlener schwarzer Pfeffer	*4 EL gehackte Petersilie*
6 Knoblauchzehen	*1 EL Paprika, am besten aus Jarandilla*
6 Nelken	

Das Brot mit dem Essig anfeuchten. In einem Schmortopf 2 EL Öl erhitzen, das Brot darin braten und zurückstellen. Das Lammfleisch mit schwarzem Pfeffer und Salz würzen. Den Schmortopf auf die heißeste Kochstelle setzen und das Fleisch in kleinen Portionen unter ständigem Rühren mit einem Holzlöffel anbraten. Zwischendurch 3 feingehackte Knoblauchzehen und die *guindilla* (oder die getrocknete Chilischote oder den Cayennepfeffer) dazugeben. Weiteres Öl nach Bedarf hinzufügen.

Im Mörser (oder in einer elektrischen Kräutermühle) 3 Knoblauchzehen zerkleinern. Die Nelken und die Petersilie hinzufügen und alles zu einer Paste verarbeiten.

Das Lammfleisch mit Paprika würzen, die Knoblauchpaste und 200 ml Wasser unterrühren. Bei aufgelegtem Deckel etwa 30 Minuten garen, bis das Lammfleisch weich und die Flüssigkeit stark eingekocht ist. Das zurückgestellte Brot pürieren und dann die Sauce damit binden. Abschmecken und servieren.

Ein in Stein gehauenes Wappenschild an einer Hauswand.

Hähnchen mit Tomaten, Paprika und Kümmel

○

POLLO A LO PADRE PEDRO

Ein einfaches, pikantes Sommergericht für den Gemeindepriester, wie der spanische Rezeptname vermuten läßt. Man hat mir erzählt, daß es ursprünglich aus Zarza de Alange stammt.

FÜR 2 PERSONEN

1 Stubenküken (ca. 600 g)
oder 2 Hühnerschenkel
von einem Mais-Huhn
Salz und frisch gemahlener
schwarzer Pfeffer
2 EL Olivenöl
2 Zwiebeln, gehackt

4 große Tomaten, gehackt
1 grüne Paprikaschote,
Samen entfernt, gehackt
2 Lorbeerblätter
1 TL Kreuzkümmelsamen
2 Knoblauchzehen, feinge-
hackt

Den Rückenknochen des Stubenkükens herausschneiden und das Tier aufklappen. Salzen und pfeffern und die Gewürze in dem Fleisch verreiben. Das Öl in einem kleinen Schmortopf erhitzen und das Geflügel auf der Hautseite anbraten. Zwischenzeitlich das Gemüse vorbereiten.

Zwiebeln, Tomaten und Paprika mit in den Topf geben, den Rückenknochen (bei Verwendung eines Stubenkükens) und das Lorbeerblatt zugeben. Deckel auflegen und alles bei schwacher Hitze 15–20 Minuten garen. Kreuzkümmelsamen in einem Mörser zerstoßen und gehackten Knoblauch einarbeiten. Rückenknochen aus dem Topf nehmen, das Gemüse durchrühren und Kreuzkümmelpaste unterziehen. Alles 3–4 Minuten erhitzen, damit die Aromen verschmelzen. Das Geflügel mit der Hautseite oben servieren.

Leber in Rotweinsauce

○

HÍGADO EN SU JUGO

Die Estremadura ist das Land der Schweine und Schafe, und am Schlachttag wird dort Leber gegessen.

FÜR 4 PERSONEN

600 g Schweine- oder Lammleber, in Scheiben	*1 EL Mehl*
4 EL Rotweinessig	*1 TL Paprika*
Salz und frisch gemahlener schwarzer Pfeffer	*125 ml Rotwein*
1 Zwiebel, feingehackt	*125 ml Fleischbrühe*
2 EL Schweineschmalz oder Olivenöl	*1–2 Äpfel, ohne Kerngehäuse, in Ringe geschnitten und halbiert (nach Belieben)*

Die Leber in Streifen schneiden und in ein säurefestes Gefäß geben. Essig, Salz und Pfeffer hinzufügen und durchheben. Zum Marinieren 2–3 Stunden stehen lassen.

In einer Schmorpfanne die Zwiebeln in Schweineschmalz oder Öl braten. Bevor sie braun werden, Mehl und Paprika darüberstäuben, durchrühren und alles kurz erhitzen. Die Leber abtropfen lassen; die Marinade auffangen. Die marinierte Leber mit in die Pfanne geben und einige Minuten braten. Wein, Fleischbrühe und Marinade dazugießen und durchrühren. Nach Belieben die halbierten Apfelringe zugeben und alles noch 3–4 Minuten köcheln lassen. Abschmecken und servieren.

KAPITEL 3

Neukastilien und La Mancha

*Im südlichen Teil des ausgedehnten Hochplateaus, das unterhalb von
Madrid die Mitte Spaniens bildet, herrscht im Winter eisige Kälte.
Im Sommer brennt die Sonne auf Sonnenblumenfelder und auf
Spaniens größtes Weinbaugebiet, das aber fast ausschließlich
Massenweine produziert. In Kastilien, bekannt durch Don Quixote
und seine Windmühlen, wächst der beste Safran der Welt. Das Klima
begünstigt kräftige, unverfälschte Aromen und Gerichte, die mit
Thymian und Kreuzkümmel gewürzt sind.*

Gemischter Salat aus Madrid

○

ENSALADA SAN ISIDRO

Mit diesem Salat beginnt das Festessen im Mai zu Ehren des Madrider Schutzpatrons. In Spanien ist es überhaupt üblich, als Vorspeise einen Salat zu essen. Eine *ensalada mixta* enthält Thunfisch aus der Dose und hartgekochte Eier. Ein gemischter Salat aus Blattsalat, Tomaten, Zwiebeln und Oliven heißt *ensalada verde*, weil auch die verwendeten Tomaten fast noch grün sind.

FÜR 4–6 PERSONEN

1 Kopf Salat (Römischer Salat oder Eisbergsalat), gewaschen, in einem Geschirrtuch trockenge-schüttelt, kalt gestellt
200 g Thunfisch aus der Dose, abgetropft
Zwiebelringe aus der Mitte einer Gemüsezwiebel oder 1 weiße Zwiebel, in Ringe geschnitten

2 hartgekochte Eier, geschält, in Scheiben
6 EL manzanilla-Oliven oder andere kleine grüne Oliven
2–3 Tomaten (nach Belieben), in Scheiben oder in Achtel geschnitten
250 g Spargel aus der Dose, abgetropft (nach Belieben)

FÜR DIE VINAIGRETTE

1 Knoblauchzehe, feinge-hackt
1/4 TL Salz
3 EL Sherry-Essig

eine Messerspitze Paprika
frisch gemahlener schwar-zer Pfeffer
100 ml Olivenöl

Als erstes die Vinaigrette zubereiten. Den Knoblauch mit einer Prise Salz auf einem Brett mit der flachen Seite einer Messerklinge oder im Mörser zerdrücken. In einer Schüssel oder im Mörser Essig, Paprika und Pfeffer verrühren und anschließend das Öl unterschlagen.

Gemüsezwiebeln sind mild. Wird eine weiße Zwiebel verwendet, die rohen Zwiebelringe am besten 10 Minuten in kaltes Wasser legen. Dann abgießen und trockentupfen.

Den grünen Salat in einer flachen Salatschüssel oder auf einer Servierplatte verteilen. Den Thunfisch zerpflücken und darüberstreuen. Mit Zwiebelringen, Eischeiben und Oliven garnieren. Falls verwendet, die in Scheiben oder Achtel geschnittenen Tomaten und/oder den Spargel dar-auflegen. Dann den Salat mit einem Teil der Vinaigrette übergießen.

Marinierte Auberginen

○

BERENJENAS EN ESCABECHE

Almagro in La Mancha ist für seine pikanten Auberginen bekannt. Dieses Rezept ist für ganz kleine Auberginen (ich habe 20 Stück für die angegebene Menge gekauft). Sie werden nach alter arabischer Methode mit scharfen Chilies zubereitet. Wenn man sie aufschneidet, sind sie innen rosarot. Für drei 500-g-Gläser die im Rezept angegebenen Mengen verdoppeln.

FÜR 6 BIS 8 PERSONEN

500 g Auberginen, sehr klein	*1 Lorbeerblatt*
Salz und frisch gemahlener schwarzer Pfeffer	*1 Stengel Oregano*
1 Zwiebel, dünne Scheiben	*2 guindillas oder 1 getrocknete Chilischote, Samen entfernt, gehackt*
3 Knoblauchzehen, in Stiften	
150 ml Olivenöl	*100 ml Rotweinessig*
1 TL Paprika	*1 Zitrone, in Scheiben*
2 TL Koriandersamen, zerstoßen	*gehackte frische Petersilie (zum Garnieren)*

Die Auberginen rundum mit der Spitze eines Messers einstechen. Größere Früchte müssen in fingerlange Stücke geschnitten werden, an denen sich auf einer Seite noch die Haut befindet. Die Auberginen dicht in einen Topf legen. Salzen und pfeffern und die Zwiebeln und den Knoblauch in die Zwischenräume drücken. Öl, Gewürze, Kräuter, *guindillas* oder getrocknete Chilischote und den Essig hinzufügen. Etwa 100 ml Wasser dazugießen, damit die Auberginen mit Flüssigkeit bedeckt sind. Das Ganze mit Zitronenscheiben abdecken und zum Köcheln bringen. Mit Alufolie abdecken, Deckel auflegen und die Auberginen bei niedrigster Temperatur ca. 15 Minuten weichgaren. Das Gemüse in eine Schüssel oder in sterilisierte Gläser füllen und wieder mit den Zitronenscheiben und der Flüssigkeit bedecken. Am besten vor dem Verzehr drei Tage im Kühlschrank durchziehen lassen.

Fleischklößchen mit Safran

○

ALBÓNDIGAS AL AZAFRÁN

Die Spanier lieben Fleischklößchen. Man kann die Klößchen so servieren oder mit einer einfachen Sauce, für die man Tomaten hackt, reduziert und würzt, oder mit einer Safransauce wie für *Conejo al azafrán* (siehe Seite 44), bei der der Kreuzkümmel weggelassen wird.

FÜR 4 PERSONEN

500 g gehacktes Schweine- oder Kalbfleisch (oder halb und halb)	*1 EL Zitronensaft*
	Prise getrockneter Thymian
	½ TL Salz
100 g roher Schinken oder Frühstücksspeck	*eine Messerspitze Cayennepfeffer*
2 Scheiben altbackenes Weißbrot	*0,1 g gemahlener Safran*
	2 große Eier
eine Prise abgeriebene Zitronenschale	*6–7 EL Mehl*
	6–7 EL Olivenöl

Das Brot zerkrümeln oder in der Küchenmaschine zerkleinern. Den Schinken oder Frühstücksspeck in kleine Stücke schneiden oder ebenfalls in der Küchenmaschine zerkleinern. Das Hackfleisch, die Zitronenschale, den Zitronensaft, Thymian, Salz und Cayennepfeffer untermischen. Den Safran in einer Tasse mit den Eiern verrühren dann unter die Fleischmasse arbeiten. Die Fleischmasse löffelweise auf ein bemehltes Backblech setzen und im Mehl rollen, um sie damit zu überziehen.

Die Fleischklößchen etwa 10 Minuten im heißen Öl braten. Die Pfanne dabei immer wieder kräftig hin- und herbewegen, damit sich die Klößchen drehen, rundum schön gebräunt werden und gleichmäßig garen.

Geschmortes Sommergemüse mit Eiern

○

PISTO MANCHEGO

Dieses Gemüse schmeckt nicht nur heiß mit pochierten Eiern, sondern ist auch ausgezeichnet, wenn man die Eier verschlägt und unterrührt, etwas kaltgepreßtes Olivenöl darüberträufelt und es kalt reicht. Wer Zeit hat, sollte doppelt soviel *pisto* kochen, denn das Schmorgemüse eignet sich auch als Sauce zu Fleisch.

FÜR 4 PERSONEN

2 Gemüsezwiebeln, in feine Streifen geschnitten
50 g roher Schinken oder Frühstücksspeck, gewürfelt (nach Belieben)
3–4 EL Öl
3 Knoblauchzehen, feingehackt
3 grüne Paprikaschoten, Samen entfernt, gehackt

5 große reife Tomaten, abgezogen und entkernt
3 große Zucchini, in Scheiben (ungeschält)
Salz und frisch gemahlener schwarzer Pfeffer
eine Messerspitze frisch geriebene Muskatnuß
4 EL feingehackte Petersilie
4–8 Eier

Die Zwiebeln (und falls verwendet den Schinken oder Frühstücksspeck) im Öl braten, dann den Knoblauch dazugeben. Die Paprikastücke hinzufügen und 5 Minuten garen. Tomaten und Zucchini dazugeben und alles bei niedriger Temperatur garen, bis die Tomaten einkochen; zwischendurch umrühren. Kräftig mit Salz, Pfeffer und Muskat abschmecken und die Petersilie unterrühren.

Vier Vertiefungen in das Gemüse drücken, die Eier hineingeben und pochieren (oder Eier verschlagen und zum Stocken in das Gemüse rühren). Zum Pochieren der Eier kann der *pisto* auch bei 190 °C (Gasherd Stufe 3) für etwa 10 Minuten in den vorgeheizten Backofen gestellt werden.

Spanisches Kartoffelomelett

○

TORTILLA ESPAÑOLA

Praktisch jede *tapas*-Bar und jede Speisekarte in Spanien führt dieses Gericht, obwohl es aus der Landesmitte stammt. Im Gegensatz zu einem französischen Omelett soll eine *tortilla* dick, fest und kuchenartig sein.

FÜR 4 PERSONEN

500 g Kartoffeln, in Würfel geschnitten	*6 große Eier*
125 ml Olivenöl	*Salz und frisch gemahlener schwarzer Pfeffer*

Eine Pfanne von etwa 23 cm Durchmesser nehmen (ist sie größer, läßt sich die *tortilla* schlecht wenden). Das Öl erhitzen, Kartoffeln dazugeben und rühren. Nach einigen Minuten die Temperatur herunterschalten und die Kartoffeln garen, bis sie weich sind; sie dabei häufig wenden, damit sie nicht bräunen.

Die Kartoffeln in eine mit Küchenkrepp ausgelegte Schüssel füllen. Das Öl aus der Pfanne in eine Tasse gießen und die Pfanne mit Küchenkrepp auswischen. Etwa 2 EL Öl durch ein Sieb zurück in die Pfanne gießen und wieder erhitzen. Die Eier verschlagen und kräftig würzen. Das Papier aus der Schüssel mit den Kartoffeln nehmen und die Eier dazugießen. Diese Mischung in das heiße Öl geben, die Kartoffeln gleichmäßig verteilen und die *tortilla* bei hoher Temperatur 1 Minute stocken lassen. Dann die Temperatur herunterschalten und das Kartoffel-Omelette durchgaren. Die *tortilla* mit einem Bratenwender vom Rand lösen und die Pfanne gelegentlich hin- und herrütteln, damit die *tortilla* nicht ansetzt.

Wenn die Oberfläche nicht mehr flüssig ist, eine Servierplatte umgekehrt auf die Pfanne legen und alles umdrehen. 2 EL Öl aus der Tasse in die Pfanne geben und heiß werden lassen. Dann die *tortilla* mit der gebräunten Seite nach oben zurück in die Pfanne gleiten lassen und noch 2–3 Minuten garen. Eine *tortilla* kann heiß oder kalt als *tapa*, Hauptgericht oder als Brotbelag serviert werden.

Eintopf mit Kichererbsen und Spinat

—— ○ ——

POTAJE DE GARBANZOS Y ESPINACAS

Dieser Eintopf, der freitags in vielen Haushalten als fleischloses Gericht gegessen wird, läßt sich mit oder ohne Klippfisch zubereiten.

FÜR 6 PERSONEN

300 g Kichererbsen, in Wasser eingeweicht
200 g Klippfisch, über Nacht eingeweicht (nach Belieben)
2 Zwiebeln, geschält; 1 ganz belassen, 1 gehackt
1 Nelke
1 große Möhre
1 Lorbeerblatt
2–3 Stengel Petersilie, zerdrückt

3 EL Olivenöl
2 Knoblauchzehen, feingehackt
2 reife Tomaten, abgezogen und gehackt
1 TL Paprika
Salz und frisch gemahlener schwarzer Pfeffer
800 g Spinat, geputzt und gewaschen
2 hartgekochte Eier, geschält und gehackt

Gräten und Haut vom Klippfisch entfernen und den Fisch zerpflücken. Die abgegossenen Kichererbsen, den Fisch, die mit einer Nelke gespickte ganze Zwiebel, die Möhre, das Lorbeerblatt und die Petersilienstengel in einen großen Topf geben und 1,2 l Wasser dazugießen. Langsam zum Kochen bringen, den Schaum abschöpfen, dann den Deckel auflegen und alles 1½–2 Stunden köcheln lassen.

Das Öl in einer Bratpfanne erhitzen und die gehackte Zwiebel braten. Wenn sie weich wird, Knoblauch, Tomaten und Paprika hinzufügen und alles zu einer Sauce zerkochen lassen. Mit Salz und Pfeffer würzen.

Spinat in einen Topf mit kochendem Wasser geben (jungen Spinat sofort wieder herausnehmen, ältere Spinatblätter 2–3 Minuten kochen); abgießen, hacken. Wenn die Kichererbsen fast weich sind, Lorbeerblatt, Petersilienstengel, Zwiebel und Möhre herausnehmen. Nelke wegwerfen. Zwiebel, Möhre und 3 EL Kichererbsen sowie ½ Kelle Garflüssigkeit im Mixer (Küchenmaschine) pürieren. Im Topf sollte jetzt soviel Flüssigkeit sein, daß die Kichererbsen bedeckt sind. Evtl. etwas Flüssigkeit abgießen.

Tomatensauce und Zwiebelpüree zu den Kichererbsen in den Topf gießen. Abschmecken; der Eintopf muß kräftig gewürzt sein. Spinat dazugeben und alles noch ca. 20 Minuten köcheln, damit die Aromen verschmelzen und die Kichererbsen weich werden. Traditionell wird der *potaje* zum Servieren mit gehackten hartgekochten Eiern bestreut.

Rindersteaks mit Oliven

—— ○ ——

FILETES CON ACEITUNAS

Riesige Steaks sind in Madrid populär, und in der Tat scheint die Mittelschicht zuviel Fleisch und zuwenig Gemüse zu essen. Die mit Sardellen gefüllten Oliven verleihen dem Fleisch eine wundervolle pikante Note.

FÜR 2 PERSONEN

2 Filetsteaks
1 EL Butter
1 EL Olivenöl
2 Knoblauchzehen, zerdrückt
etwa 1 EL Mehl
Salz und frisch gemahlener schwarzer Pfeffer

100 ml trockener Weißwein
12 mit Sardellen gefüllte Oliven, in Scheiben geschnitten
2 EL gehackte Petersilie

Die Butter und das Öl mit den Knoblauchzehen erhitzen. Den Knoblauch wegwerfen, sobald er braun wird. Die Steaks leicht in gewürztem Mehl wenden und braten, bis der gewünschte Gargrad erreicht ist. Auf vorgewärmte Teller legen.

Den Wein und die Oliven in die Pfanne geben und unter Rühren den Bratensatz loskochen. Wenn die Sauce kocht, die Steaks damit übergießen. Mit Petersilie bestreuen und servieren.

Rebhühner in Wein mit neuen Kartoffeln

○

PERDICES A LA TOLEDANA

Die Rebhuhnjagd ist beliebt in den Bergen bei Toledo, wo dieses Gericht beheimatet ist. Überall im Land werden die Tiere mit Fallen gefangen, wenn sie auf dem Vogelzug sind. Bei diesem Rezept verleiht die pikante Weinsauce den Rebhühnern ein wundervolles Aroma.

FÜR 6 PERSONEN

3 fleischige Rebhühner, jeweils ohne Gabelbein	*3 Lorbeerblätter*
Salz und frisch gemahlener schwarzer Pfeffer	*1 Streifen Zitronenschale*
	175 ml trockener Weißwein
3 EL Olivenöl	*4 EL Sherry-Essig*
1 große Gemüsezwiebel, gehackt	*etwa 200 ml Hühnerbrühe*
	24 kleine neue Kartoffeln
3 Knoblauchzehen, gehackt	*gehackte frische Petersilie*

Einen Bräter bereitstellen, in den die Rebhühner gerade hineinpassen. Die Vögel innen und außen salzen und pfeffern, dann in Olivenöl anbraten und dabei drehen und gegen die Topfseiten lehnen, bis sie rundum gebräunt sind.

Die Rebhühner herausnehmen und warm halten. Die Zwiebeln im gleichen Öl braten und den Knoblauch dazugeben, sobald die Zwiebeln weich werden. Die Rebhühner auf die Zwiebeln legen und etwas nach unten drücken. Lorbeerblätter, Zitronenschale, Wein, Essig und soviel Brühe dazugeben, daß die Schenkel mit Flüssigkeit bedeckt sind. Den Deckel auflegen und alles bei schwacher Hitze etwa 15 Minuten köcheln lassen.

Zwischenzeitlich die Kartoffeln 10 Minuten in kochendem Salzwasser vorgaren, dann mit in den Bräter geben, zwischen die Rebhühner legen (falls erforderlich, weitere Brühe angießen) und das Ganze köcheln lassen, bis die Kartoffeln gar sind.

Kartoffeln und Rebhühner aus dem Bräter nehmen. Rebhühner halbieren und in vorgewärmter Servierschüssel mit den Kartoffeln umlegen. Warm stellen. Lorbeerblätter und Zitronenschale wegwerfen. Die Sauce im Mixer pürieren, erhitzen und abschmecken. Wenn nötig, noch etwas einkochen lassen. Rebhühner mit Sauce beschöpfen und mit Petersilie bestreuen. Restliche Sauce getrennt reichen.

Kastilien besitzt viele Burgen, die zur Verteidigung gegen die Mauren errichtet wurden.

Kaninchen in Weißwein-Safran-Sauce

○

CONEJO AL AZAFRÁN

Hier ein Kaninchen mit dem Geschmack von La Mancha – kräftig gewürzt mit Thymian und auch mit Kreuzkümmel, der von den Arabern eingeführt wurde.

FÜR 4–5 PERSONEN

1 Kaninchen (etwa 1,1 kg), in Stücke zerlegt	*250 ml Weißwein*
2 große Gemüsezwiebeln, gehackt	*15 schwarze Pfefferkörner, grob zerstoßen*
7 EL Olivenöl	*¼ TL gemahlener Kreuzkümmel*
1 Knoblauchzehe, feingehackt	*1 TL Paprika*
30 Fäden Safran	*Messerspitze Cayennepfeffer*
Salz und frisch gemahlener schwarzer Pfeffer	*6 Zweige Thymian*
	1 Lorbeerblatt

In einer Bratpfanne die Zwiebeln in 2 EL Öl dünsten und den Knoblauch dazugeben, sobald sie weich werden. Die Safranfäden zwischen den Fingern zerreiben und in 4 EL heißem Wasser einweichen. Zwiebeln und Knoblauch aus der Pfanne nehmen und noch etwa 4 EL Öl hineingießen. Die Kaninchenteile würzen und die fleischigen Stücke (Hinterläufe und Sattel) 10 Minuten anbraten.

Dann die dünneren Teile dazwischenstecken und weitere 10 Minuten braten, bis alle Stücke goldbraun sind. Die Kaninchenteile herausnehmen und das ganze Öl weggießen.

Den Wein in die Pfanne gießen und unter Rühren den Bratensatz loskochen. Die Kaninchenteile dicht nebeneinander in einen nicht allzu großen Bräter legen. Zwiebeln, Wein, Safranflüssigkeit, zerstoßene Pfefferkörner, Kreuzkümmel, Paprika und Cayenne hinzufügen. Thymian und Petersilie dazwischenstecken. 125 ml Wasser angießen, so daß das Fleisch fast bedeckt ist. Den Deckel auflegen und alles etwa 1 Stunde sanft köcheln lassen, bis das Kaninchenfleisch weich ist; darauf achten, daß es nicht trocken wird. Die Sauce kosten und kräftig nachwürzen – selbst Mutige werden das Gericht wohl kaum so stark würzen wie die Einheimischen!

Arme Ritter

○

TORRIJAS

Mit Milch zubereitet, sind diese Armen Ritter eine beliebte Nachmittagsnascherei für Kinder. Mit Wein schmecken sie auch Erwachsenen als Nachspeise. Baguette sieht ansprechender aus als anderes Weißbrot.

FÜR 3–4 PERSONEN

8 dicke Scheiben altbacke-
nes Stangenweißbrot
etwa 100 ml Milch oder
Rotwein

2 Eier, verschlagen
4 EL Sonnenblumenöl
Puderzucker zum Bestreuen
eine Messerspitze Zimt

Das Öl in einer Bratpfanne erhitzen. Wenn es heiß ist, die Brotscheiben zunächst in Milch oder Rotwein, dann in verschlagenem Ei wenden. Das Brot kurz auf beiden Seiten braten, bis es knusprig und goldbraun ist. Auf Küchenkrepp abtropfen lassen. Mit Zucker und Zimt bestreuen und heiß servieren.

KAPITEL 4

Altkastilien

———◆———

*D*as Kernland Spaniens umfaßt die Hauptstadt Madrid, mit der
Sierra de Guadarrama im Hinterland und den mittelalterlichen
Städten Segovia, Salamanca und Avila im Norden. Der Versuch, die
Mauren abzuwehren, hinterließ eine Vielzahl von Burgen. Aus kulina-
rischer Sicht ist die Region für ihre Braten bekannt – Milchlämmer
und Spanferkel –, doch die Alltagskost besteht aus Bohnen,
Kichererbsen und Linsen. Altkastilien ist auch der Brotkorb des
Landes, und in den nördlichen Flußtälern, in Rioja und am Duero,
wachsen einige der besten Weine Spaniens.

Kartoffeln auf besondere Art

○

PATATAS A LA IMPORTANCIA

Dieses Kartoffelgericht paßt ausgezeichnet zu Braten, ergibt aber auch ein einfaches Abendessen, wenn man etwas zerpflückten Lachs aus der Dose darüberstreut, so wie ich es das erste Mal gegessen habe.

FÜR 4–6 PERSONEN

4 große Kartoffeln, in Würfel geschnitten
etwa 6 EL Mehl
Salz und frisch gemahlener schwarzer Pfeffer
reichlich Öl zum Braten
2 große Eier, verschlagen
1 Zwiebel, feingehackt
2 Knoblauchzehen, feinge-hackt
125 ml trockener Weißwein
0,1 g gemahlener Safran
250 ml Hühnerbrühe
1 Lorbeerblatt
4 EL gehackte frische Petersilie

Die Kartoffelwürfel in kräftig gewürztem Mehl wenden. In eine Bratpfanne einen Finger hoch Öl gießen und erhitzen. Die Kartoffeln in verschlagenem Ei wenden und in zwei Partien braten; dabei wenden und auf Küchenkrepp abtropfen lassen, wenn sie gebräunt sind.

In der Zwischenzeit in einer Schmorpfanne die Zwiebeln in 2 EL Öl braten. Wenn sie weich werden, den Knoblauch dazugeben. Die Kartoffeln hinzufügen und gleichmäßig verteilen. Den Wein dazugießen, den Safran in der Brühe anrühren und zusammen mit der Petersilie hinzufügen. Mit etwas Salz und Pfeffer würzen, den Deckel auflegen und die Kartoffeln 20 Minuten köcheln lassen. Diese typische Brühe paßt auch zu anderem Gemüse, wie etwa Zucchini, doch ist diese Abwandlung kein traditionelles Rezept.

Käsecreme

Eiercremes, die in kleine, hohe Förmchen gefüllt und gestürzt werden, sind Teil der spanischen Kultur, und *flan* – ein im Wasserbad gestockter Pudding mit Karamel – ist im ganzen Land als Süßspeise beliebt. Diese pikante Eiercreme kann man mit Tomatensalat als Mittagessen servieren. Sie läßt sich mit gehacktem Schinken, Champignons oder Käse verfeinern. Käse wird in Spanien allerdings nur selten zum Kochen verwendet – normalerweise ißt man ihn mit Brot. Der berühmte spanische Manchego-Käse, der aus La Mancha kommt, läßt sich gut reiben und wird, wie Parmesan, mit zunehmendem Alter härter und kräftiger im Geschmack.

FÜR 4 PERSONEN

4 große Eier	*50 g Manchego (oder*
2 EL Butter	*Parmesan und Cheddar,*
2–3 EL Semmelbrösel	*Verhältnis 3:1), gerieben*
100–175 g Champignons,	*Salz*
gehackt	*frisch gemahlener weißer*
250 ml Milch	*Pfeffer*

Den Backofen auf 180 °C (Gasherd Stufe 2–3) vorheizen. Vier kleine ofenfeste Becherförmchen (oder eine große Ringform von 700 ml Fassungsvermögen) großzügig mit Butter einfetten. Die Semmelbrösel hineinstreuen und die Innenseiten gleichmäßig damit überziehen; überschüssige Brösel herausschütten. Die Förmchen oder die Form in die Fettpfanne des Backofens stellen.

Die gehackten Champignons in der verbliebenen Butter braten. Milch erhitzen und geriebenen Käse unterrühren. Eier verschlagen und in die Milch rühren. Die Eiercreme kräftig würzen und in die Förmchen/Form füllen. Die Champignons gleichmäßig darauf verteilen. Kochendes Wasser in die Fettpfanne gießen, so daß die Förmchen/Form zu zwei Dritteln bedeckt sind. Kleine *flans* 15 Minuten im Wasserbad garen, einen großen *flan* 20 Minuten. Die Förmchen/Form aus dem Wasserbad nehmen und vor dem Stürzen abkühlen. Als Beilage eignet sich Tomatensalat.

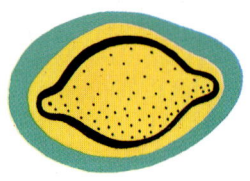

Orangensalat mit Rotwein-Dressing

○

ENSALADA DE NARANJAS Y LIMÓN

Ein Salat für heiße Sommertage, der die enge Verbindung Westspaniens mit dem Süden dokumentiert. Es ist eigentlich ein Salat aus Resten, doch kann er sehr farbenfroh aussehen.

FÜR 4 PERSONEN

6 Orangen	*1–2 Knoblauchzehen, fein-*
1 große saftige Zitrone	*gehackt*
2 hartgekochte Eier, geschält	*Salz*
3 Endstücke chorizo (oder	*100–125 ml Rotwein*
1–2 dicke Scheiben	*4–5 EL Olivenöl*
Salami)	*eine Handvoll grüne Oliven*

Die Orangen und die Zitrone schälen und in Scheiben schneiden: Die Früchte lassen sich besser in gleichmäßige Scheiben schneiden, wenn man sie zuvor für 15 Minuten in das Gefriergerät legt. Die Kerne entfernen und die Obstscheiben in eine flache Schüssel legen.

Das Eiweiß hacken, die *chorizo* oder die Salami kleinschneiden. Den Knoblauch im Mörser (oder auf einem Brett mit der flachen Seite einer Messerklinge) zerdrücken und eine Prise Salz hinzufügen. Das hartgekochte Eigelb (im Mörser oder in einer Tasse) unterarbeiten, dann den Wein und das Öl. Die Salatsauce über die Früchte gießen. Mit gehacktem Eiweiß, Wurststücken und Oliven garnieren.

Weiße Bohnen
à la Onkel Lukas

○

JUDÍAS BLANCAS A LO TÍO LUKAS

Ein wärmendes Gericht aus pikanten weißen Bohnen, das im 19. Jahrhundert durch einen Madrider Barkeeper bekannt wurde. Die Gewürze sind arabisch.

FÜR 6 PERSONEN

500 g getrocknete weiße Bohnen, über Nacht in Wasser eingeweicht	*1 Lorbeerblatt*
	2 TL Paprika
	1 EL Essig
2 große Zwiebeln, gehackt	*1/4 TL gemahlener Kreuzkümmel*
2 EL Olivenöl	
150 g Schweinebauch oder Schinken, in feine Würfel geschnitten	*eine Messerspitze gemahlene Nelken*
	1 EL gehackte frische Petersilie
1 Knolle Knoblauch, Zehen abgezogen, feingehackt	*1/4 TL weißer Pfeffer*
2 EL Tomatenmark	*1 TL Salz*

In einem Schmortopf die Zwiebeln im Olivenöl braten. Wenn sie weich werden, den gewürfelten Schweinebauch oder Schinken und den Knoblauch hinzufügen. Die Bohnen abgießen und zusammen mit den übrigen Zutaten dazugeben. Alles gut mit Wasser bedecken.
Etwa 1 1/4 Stunden köcheln lassen, bis die Bohnen weich sind. Zwischendurch gelegentlich nachsehen, ob noch genügend Flüssigkeit im Topf ist und die Bohnen nicht ansetzen. Am Ende der Garzeit sollte soviel Flüssigkeit vorhanden sein, daß die Bohnen an einen dicken Eintopf erinnern. Abschmecken und in Suppenschalen servieren.

Vortreffliche Linsen

○

LENTEJAS A LA PERFECTA

In diesem Teil des Landes werden Linsen mit Geflügelklein gegart oder auch wie andere Hülsenfrüchte mit Stücken vom Schwein – Ohren, Würste, Bauchfleisch und so weiter. Als einfache Gemüsebeilage passen sie gut zu Bratwurst oder *chorizo*.

FÜR 4 PERSONEN

250 g grüne Linsen	*1 Scheibe Bauernbrot*
Salz	*4 EL Olivenöl*
4 Knoblauchzehen, gehackt	*2 EL Weinessig*

Die Linsen in einem Topf mit Wasser zum Köcheln bringen und etwa 30 Minuten garen, bis sie weich sind. Erst dann salzen.

Zwischenzeitlich Knoblauch und Brot im Olivenöl braten. Wenn das Brot auf beiden Seiten braun ist, Brot, Knoblauch und Öl aus der Pfanne in den Mörser oder Mixer geben. Die Zutaten zu einer Paste verarbeiten, dann Essig untermischen. Die Linsen-Garflüssigkeit bis auf wenige Löffel weggießen und die Knoblauchpaste unterrühren. Linsen kurz erhitzen, damit die Aromen verschmelzen.

Lammragout mit Zitronensaft

○

COCHIFRITO

Die Lämmer von Altkastilien sind ein Wunder. In Restaurants werden sie in großen, kuppelförmigen Öfen im ganzen gebraten. Zu Hause bereitet man das Fleisch meist als eine Art Ragout mit Zitronensaft zu. Hier eines der besten Rezepte zum Garen von magerem Fleisch.

FÜR 4 PERSONEN

850 g pariertes mageres Lammfleisch, in Streifen geschnitten	*2 Knoblauchzehen, feingehackt*
Salz und frisch gemahlener schwarzer Pfeffer	*2 TL Paprika*
2 EL Olivenöl	*250 ml Brühe oder Wasser*
1 Zwiebel, gehackt	*Saft von 1 Zitrone*
	2 EL feingehackte Petersilie

Das Lammfleisch mit Salz und Pfeffer würzen. In einem Schmortopf das Öl bei höchster Temperatur erhitzen und das Fleisch in kleinen Portionen hinzufügen. Die Zwiebeln ebenfalls dazugeben und das Fleisch ständig mit einem Holzlöffel wenden. Wenn eine Partie angebraten ist, weiteres Fleisch zusammen mit dem Knoblauch in die Pfanne geben und nach Bedarf weiteres Öl zugeben.

Wenn die Fleischstücke goldbraun und die Zwiebeln weich sind, den Paprika darüberstäuben und Brühe oder Wasser angießen. Das Lammfleisch bei mittlerer Hitze garen, bis die Flüssigkeit fast vollständig verkocht ist.

Den Zitronensaft und die Petersilie unterrühren und alles bei aufgelegtem Deckel noch 5 Minuten köcheln lassen. Abschmecken und servieren.

Wachteln im Rucksack

○

CODORNICES EN ZURRÓN

Der „Rucksack" bezieht sich sowohl auf die grünen Paprikaschoten, in die die Wachteln gesteckt werden, wie auch auf den Rucksack des Jägers. Ich vermute, daß das Originalrezept für noch kleinere Vögel gedacht war, die in den Weingärten von Rioja die Trauben von den Reben pickten! Pommes frites passen auch zu diesem Gericht.

FÜR 4 PERSONEN

4 Wachteln	3 Knoblauchzehen, gehackt
Salz und frisch gemahlener	2 TL Mehl
schwarzer Pfeffer	2 Tomaten, abgezogen
2 EL Olivenöl	2 EL gehackte Petersilie
4 große grüne Paprikaschoten	125 ml trockener Weißwein
1 Zwiebel, feingehackt	oder gute Brühe

Die Wachteln innen und außen mit Salz und Pfeffer würzen. Es empfiehlt sich, das Gabelbein zu entfernen. Die Wachteln dann in einem kleinen Schmortopf auf allen Seiten im heißen Öl anbraten.

Stielansätze der Paprikaschoten kreisförmig herausschneiden und alle losen Samenkerne herausschütteln. Dann die Wachteln in die Paprikaschoten stecken. Die Zwiebeln im Schmortopf braten. Wenn sie weich werden, Knoblauch dazugeben. Das Mehl darüberstäuben und unterrühren. Die gefüllten Paprikaschoten mit in den Topf legen.

Gehackte Tomaten, Petersilie und Wein oder Brühe hinzufügen und mit wenig Salz und Pfeffer würzen. Alles für 40–45 Minuten in den auf 180 °C (Gasherd Stufe 2–3) vorgeheizten Backofen schieben. Servietten aufdecken – die Wachteln am besten mit den Fingern essen.

Fleischtopf „Madrid"

○

COCIDO MADRILEÑO

FÜR 8 PERSONEN

Spaniens Nationalgericht wird in einem riesigen Kessel zubereitet, in dem die Zutaten stundenlang vor sich hin köcheln. Früher kam es jeden Tag auf den Tisch, denn gekochtes Fleisch galt als Kennzeichen der bürgerlichen Küche. Der gemischte Fleischtopf bietet verschiedene Köstlichkeiten.

Als erstes wäre der *caldo* zu nennen – die kräftige klare Brühe, die das Aroma der unterschiedlichen Fleischsorten in sich vereint. Mit Sherry verfeinert, ist sie überall auf der Welt als klare Suppe bekannt und beliebt. Caldo wird auch für zahllose andere spanische Gerichte verwendet. Meist kocht man jedoch einige Löffel Reis in der Brühe und serviert sie als ersten Gang vor dem *cocido*.

Die wichtigsten Zutaten sind Pökelfleisch, frisches Fleisch und Würste (vorzugsweise geräuchert), denn es ist ein Rezept für weniger zarte Stücke, die voller Aroma sind, aber nur durch langes Garen weich werden. Ein Brathähnchen ist nicht so gut geeignet wie ein billigeres Suppenhuhn. Fleischknochen und Schweinepfoten verstärken das Aroma zusätzlich.

In den Fleischtopf kommt auch Gemüse: als erstes Kichererbsen, die traditionell das verbindende Element aller spanischen *ollas* (Eintöpfe) sind und eine lange Tradition haben. Außerdem gehören Zwiebeln, Knoblauch und Porree hinein. Zusätzlich gibt es frisches Gemüse, das auf Platten angerichtet und als farbenfrohe Vorspeise oder als Beilage zum Fleisch gereicht wird.

Reihenfolge und Zusammensetzung der Gänge werden von der Familientradition bestimmt. In manchen Familien kommt die gesamte Mahlzeit gleichzeitig auf verschiedenen Platten auf den Tisch. Dies zeigt an, daß es sich um einen Festtag handelt, denn normalerweise wird Gemüse immer vor dem Fleisch gereicht.

Oft serviert man das Gemüse mit den Würsten als ersten Gang. Es ist heute üblich, das frische Gemüse in einem zweiten Topf zu garen. Da die Würste mit in diesen zweiten Topf kommen, kann das Aroma der Fleischbrühe im Suppenkessel nicht durch den kräftigen Geschmack des Kohls und der Räucherwürste verfälscht werden. Wenn das Fleisch, garniert mit Kichererbsen, ohne frisches Gemüse serviert wird, kann man eine Auswahl eingelegter Gemüse dazu reichen: Gewürzgurken, *guindilla* und Perlzwiebeln.

FÜR 8 PERSONEN

250 g getrocknete Kicher-erbsen, über Nacht ein-geweicht	*1 ganze Knolle Knoblauch*
	2 Lorbeerblätter
500–750 g gepökelte Rinder-brust oder Schwanzrolle am Stück	*8 schwarze Pfefferkörner, zerstoßen*
	1 kleine Zwiebel, mit 2 Nelken gespickt
250 g gepökelter oder frischer Schweinebauch oder durchwachsener Speck am Stück	*700 g Früh-Wirsingkohl, in Viertel geschnitten*
	2 Möhren, in großen Stücken
600 g gepökeltes Schinken-eisbein	*2 Stangen Porree, in Stücke geschnitten*
	500 g neue Kartoffeln
550–650 g Rindermark-knochen	*2 chorizos oder andere geräucherte Würste wie Cabanossi*
½ Suppenhuhn	
1 Schweinepfote, längs gehackt	*1 morcilla oder 175 g Blutwurst*

Einige Stunden vorher das gepökelte Fleisch (Rinderbrust oder Schwanzrolle, Scheinebauch oder Speck und Schinkeneisbein) mit kaltem Wasser bedecken und stehenlassen. Einen großen Suppentopf von 6 l Fassungsvermögen bereitstellen. Alles Fleisch (Schwarten nach unten) und die Markknochen in den Topf schichten. Das halbe Suppenhuhn und die Schweinepfote darauflegen. Die Knoblauchknolle, Lorbeerblätter und Pfefferkörner hinzufügen und alles mit Wasser bedecken. Das Wasser zum Kochen bringen und den aufsteigenden Schaum abschöpfen. Die Kichererbsen abgießen und mit in den Topf geben. Deckel auflegen und alles bei kleinster Stufe 1½ Stunden köcheln lassen. Nach 45 Minuten die mit den Nelken gespickte Zwiebel zugeben. Es kommt kein anderes Gemüse mit in den Suppentopf. Den geviertelten Wirsing, das übrige Gemüse und alle Würste in einen zweiten Topf geben. Wenn die Blutwurst einen Kunstdarm hat, diesen entfernen. Zutaten mit Wasser bedecken, etwas Salz dazugeben und alles zum Kochen bringen. Deckel auflegen und Zutaten köcheln lassen, bis die Kartoffeln gar sind. Das Gemüse und die Würste abgießen; Würste in Scheiben schneiden. Das Gemüse auf einer Servierplatte anrichten und Wurstscheiben darauflegen. Gemüse und Wurst vor dem Fleisch oder dazu servieren. Das Fleisch und die Kichererbsen aus dem Topf nehmen. Rindermark kleinschneiden und zu den Kichererbsen geben. Fleisch in Scheiben schneiden, mit den Kichererbsen auf einer Servierplatte anrichten und mit etwas Brühe übergießen.

Rindfleisch mit Aubergine

○

ROPA VIEJA

„**A**lte Kleider" lautet die wörtliche Übersetzung des Rezepts. Das Gericht ist schnell zubereitet und farbenfroh, und die Fleisch- und Gemüsescheiben sehen wie eine geflickte Hose aus. Traditionell nimmt man für dieses Rezept übriggebliebenes Fleisch vom *cocido*. Ich verwende Fleischreste und füge Kichererbsen hinzu, weil sie auch im *cocido* enthalten sind.

FÜR 4 PERSONEN

400 g gegartes Rindfleisch oder gemischtes Fleisch (Schwein, Schinken etc.), in Scheiben	*1 Knoblauchzehe, feingehackt*
1 große Aubergine	*1 Dose Tomaten (400 g)*
150 ml Olivenöl	*150 ml Fleischbrühe*
Mehl	*eine Messerspitze gemahlene Nelken*
1 Zwiebel, gehackt	*Salz und frisch gemahlener schwarzer Pfeffer*
2 Paprikaschoten, Samen entfernt, in Streifen geschnitten	*6 EL gegarte Kichererbsen, frisch oder aus der Dose*

Die Aubergine in dünne Scheiben schneiden, mit Salz bestreuen und für 1 Stunde auf ein Abtropfbrett legen. Anschließend mit Küchenkrepp trockentupfen.

In einer großen Schmorpfanne das Öl erhitzen, bis es sehr heiß ist. Die Auberginenscheiben leicht in Mehl wenden und kurz im heißen Öl braten. Auf Küchenkrepp abtropfen lassen. Das Öl bis auf 2 EL weggießen und die Zwiebeln und die Paprikastreifen in die Pfanne geben.

Wenn die Zwiebeln weich sind, den Knoblauch, die Tomaten und die Brühe dazugeben. Mit Nelken, Salz und Pfeffer würzen und alles 3–4 Minuten köcheln lassen.

Das Fleisch dazugeben, in zwei Hälften teilen und dann die Auberginenscheiben und die Kichererbsen hinzufügen. Alles 3–4 Minuten köcheln lassen, damit die Flüssigkeit reduziert wird. Abschmecken.

Die Stadtmauer von Avila. Die Festung war bei der Verteidigung gegen die Mauren von großer Bedeutung.

Beschwipster Biskuitkuchen

○

BIZCOCHO BORRACHO

Guadalajara ist bekannt für diesen Biskuitkuchen, der mit einem Karamelsirup und Alkohol getränkt wird. Wie in vielen anderen Ländern wird heute auch in Spanien Sahne über Nachspeisen gespritzt. Wenn ich diesen Kuchen zu einem Geburtstag backe, schneide ich den Boden deshalb der Länge nach durch und lege die beiden Stücke hintereinander auf eine lange Marmorplatte. Ich spritze die Sahne unten rund um den Biskuit (damit der Alkohol nicht heraustropft) und oben am Rand entlang.

ERGIBT 12–16 STÜCK

6 große Eier
Butter zum Fetten der Form
200 g Zucker
abgeriebene Schale von
*   1 Zitrone*

200 g Mehl
Zimt zum Bestäuben
Schlagsahne (nach Belieben)

FÜR DEN SIRUP

250 g Zucker
300 ml kochendes Wasser

150 ml Málaga oder
*   Madeira*

Den Backofen auf 200 °C (Gasherd Stufe 3–4) vorheizen und eine flache Backform von etwa 30 x 20 cm Größe einfetten. Die Form mit Backpapier auskleiden und nochmals einfetten; das Papier am Rand überstehen lassen.

Die Eier trennen. Das Eiweiß in einer großen Schüssel schlagen, bis weiche Spitzen stehen bleiben. Das Eigelb in einer zweiten Schüssel mit dem Zucker und der abgeriebenen Zitronenschale schlagen, bis die Masse schaumig und hellgelb ist. Etwas Eischnee unter die Eigelbmasse heben, um sie aufzulockern. Dann abwechselnd Eigelbmasse und durchgesiebtes Mehl mit einem Schneebesen oder einem großen Löffel unter den restlichen Eischnee ziehen. Den Biskuitteig in die eingefettete Backform füllen und so verstreichen, daß er in den Ecken etwas höher ist. Den Biskuit 15 Minuten backen, bis er aufgegangen und goldgelb ist.

Den Biskuit 5 Minuten abkühlen lassen, dann auf ein Kuchengitter stürzen und das Papier abziehen. Den Kuchen stehen lassen, bis er vollständig abgekühlt ist. In der Zwischenzeit den Sirup herstellen. Dazu 75 g Zucker mit 2 EL Wasser in einen Topf geben und erhitzen, bis der Zucker karamelisiert. Wenn der Zucker auf einer Seite zu rasch bräunt, den Topf vorsichtig hin- und herrütteln. Sobald der Zucker angenehm duftet, den Topfboden in das

mit kaltem Wasser gefüllte Spülbecken tauchen, damit der Karamel nicht zu dunkel wird. Kochendes Wasser und restlichen Zucker zugeben. Zum Kochen bringen und durchrühren, bis sich Karamel und Zucker aufgelöst haben.

Den kalten Biskuitkuchen in 12 Vierecke schneiden und mit der Unterseite nach oben auf eine Platte legen. Etwa drei Viertel des Karamelsirups mit dem Süßwein verrühren und den Biskuit damit tränken. Biskuitstücke umdrehen, auf der Oberseite mehrmals mit einem Spießchen einstechen und erneut mit Sirup tränken (evtl. wird dazu auch der zurückgestellte Sirup benötigt). Leicht mit Zimt bestäuben und für wenigstens 2 Stunden in den Kühlschrank stellen. Nach Belieben mit Schlagsahne servieren.

KAPITEL 5

Galicien

Galicien, der windgepeitschte Nordwestzipfel Spaniens, ragt in den
Atlantik. Nächster Stopp: Amerika! Der hier gefangene Fisch und
die Meeresfrüchte gehören zu den besten der Welt. Dennoch bietet
die Region, in der Rüben, Kohl und Kartoffeln für ganz Spanien
angebaut werden, nicht genug Arbeitsplätze, und viele Bewohner
wandern ab. Galicien ist bekannt für seine Schweinefleisch-
kreationen, für fette Kapaune, weiße Rüben, erstklassige Weißweine
– und seinen Branntwein aguardiente, der einen umwirft.

Kastaniencremesuppe

SOPA DE CASTAÑAS

Kastanien ersetzen in der Küche Galiciens die Bohnen, und man verwendet sie wie andernorts Kartoffeln. Sie werden im Bratfett von Paprikawürsten geschwenkt oder zu Schweinebraten oder Ente gereicht. Bei diesem Rezept handelt es sich um eine köstliche winterliche Cremesuppe, die mit etwas Zimt aromatisiert wird.

FÜR 4 PERSONEN

500 g ungeschälte oder 350 g geschälte Eßkastanien
Salz und frisch gemahlener schwarzer Pfeffer
1 dicke Scheibe Brot
4 EL Olivenöl

2 EL Rotweinessig
ca. 700 ml helle Brühe
⅛ TL Zimt

Die Schalen der Kastanien auf der abgerundeten Seite einschneiden. Die Kastanien in einem Topf mit Wasser bedecken und etwas Salz dazugeben. Das Wasser zum Kochen bringen und die Kastanien 20 Minuten garen. Anschließend im Wasser abkühlen lassen.

Die Kastanien schälen, dabei auch die dünnen braunen Häutchen entfernen. Das Brot im Öl braten, dann zusammen mit dem Essig im Mixer oder in der Küchenmaschine pürieren. Eine Handvoll Kastanien hacken und zurückstellen. Den Rest nach und nach mit etwas Brühe in den Mixer geben und pürieren. Die pürierte Suppe zurück in den Topf gießen und mit Salz und Pfeffer abschmecken. Mit wenig Zimt würzen – er soll nicht vorschmecken. Die zurückgestellten gehackten Kastanien in die Suppe geben, heiß werden lassen und servieren.

Galicischer Suppentopf

○

CALDO GALLEGO

Hier eine traditionelle Frühlingssuppe aus Galicien, für die man *grelos*, die jungen Blätter von weißen Rüben, und *cachelos*, besondere neue Kartoffeln, verwendet. Schweinerippchen oder gepökelter Schweinebauch verleihen der Suppe ein kräftiges Aroma.

FÜR 6 PERSONEN

250 g getrocknete weiße
   Bohnen, über Nacht eingeweicht
350 g Schweinerippchen
   oder 125 g Pökelfleisch
Salz
500 g geräuchertes
   Schinkeneisbein

500 g neue Kartoffeln
frisch gemahlener
   schwarzer Pfeffer
200 g Blätter von jungen
   weißen Rüben oder
   Grünkohl

Schweinerippchen, falls verwendet, gut mit Salz einreiben. Pökelfleisch sollte blanchiert werden. Es zusammen mit dem Schinkeneisbein in einen Topf geben, mit kaltem Wasser bedecken und zum Kochen bringen. 5 Minuten köcheln lassen, abgießen. Pökelfleisch in Würfel schneiden.

Die Bohnen abgießen und zusammen mit dem Fleisch und den Knochen in einen Topf geben. 2 l Wasser dazugießen, zum Kochen bringen und den Schaum abschöpfen. Dann den Deckel auflegen und alles 1 Stunde köcheln lassen. Die Kartoffeln zugeben und ca. 20 Minuten weichgaren. Alle Knochen aus dem Eintopf herausnehmen und die Suppe salzen und pfeffern. Rübenblätter dazugeben und alles noch 5–10 Minuten garen. Das von den Knochen gelöste Fleisch zurück in den Topf geben. Um die Suppe ein wenig anzudicken, einige Kartoffeln zerdrücken.

Überbackene Jakobsmuscheln

○

VIEIRAS DE SANTIAGO

Am Jakobustag gibt es dieses Gericht in jedem Restaurant Santiagos, denn Jakobsmuscheln werden seit jeher mit dem Heiligen in Verbindung gebracht, und die Muschelschalen sind noch heute das Erkennungszeichen der Gläubigen, die zu seinem Grab pilgern. Galicische Jakobsmuscheln sind riesig, haben zarte orange-rote Rogensäcke, *Corail* genannt, und große weiße Schließmuskeln. Tomaten und Weinbrand ergeben eine ausgezeichnete Sauce für die Muscheln.

FÜR 4 PERSONEN

400 g aus der Schale gelöste Jakobsmuscheln (vorzugsweise 2–3 große lebendfrische Muscheln pro Person)
1 EL Butter
3 EL Öl
4 EL aguardiente (Branntwein) oder Weinbrand
1 Zwiebel, feingehackt
3 Knoblauchzehen, feingehackt

200 g reife Tomaten, abgezogen, entkernt (oder Tomaten aus der Dose)
1 TL Paprika
eine Messerspitze Cayennepfeffer
125 ml trockener Weißwein oder Fischfond
Salz und frisch gemahlener schwarzer Pfeffer
2–3 EL Semmelbrösel
1 EL gehackte frische Petersilie

In Galicien werden Jakobsmuscheln in den gewölbten oberen Schalenhälften überbacken. Fragen Sie den Fischhändler danach (oder nehmen Sie kleine ofenfeste Förmchen). Lebendfrische Jakobsmuscheln mit einem flach gehaltenen Messer öffnen und das Fleisch von den Schalen lösen. Den grauen Rand vom Muskelfleisch und die dunklen Eingeweide am Rogensack entfernen.

Butter und 1 EL Öl erhitzen und die Jakobsmuscheln 2 Minuten auf jeder Seite braten. Muschelfleisch herausnehmen und ausgetretene Flüssigkeit verkochen lassen.

Den Schnaps in einer Kelle vorwärmen, anzünden und über die Muscheln gießen. Das flambierte Muschelfleisch in die Muschelschalen oder kleine ofenfeste Förmchen geben. Weitere 2 EL Öl in die Pfanne gießen; die Zwiebeln sanft braten. Wenn sie weich sind, Knoblauch dazugeben. Gehackte Tomaten, Paprika und Cayennepfeffer zugeben und köcheln lassen, bis die Tomaten zu einer Sauce werden. Wein oder Fischfond angießen, salzen und pfeffern. Tomatensauce über die Muscheln schöpfen. Semmelbrösel und Petersilie mischen und die Muscheln damit bestreuen. Bei niedriger Hitze 2–3 Minuten im Grill überbacken, sofort servieren.

Pfannkuchen mit Miesmuscheln

○

FILLOAS DE MEXILÓNS

Galicische Miesmuscheln sind die besten der Welt, und dieses einfache Rezept bringt ihr Aroma gut zur Geltung. Die dünnen Pfannkuchen ähneln Crêpes aus der Bretagne, die die gleiche keltische Kultur besitzt. Süße *filloas* werden mit Milch zubereitet und als Nachspeise mit Eiercreme gefüllt.

FÜR 6 PERSONEN ALS VORSPEISE ODER FÜR 4 PERSONEN ALS HAUPTGERICHT

1,75 kg Miesmuscheln	*4 Stengel Petersilie, zerdrückt*
125 ml trockener Weißwein	*6 schwarze Pfefferkörner,*
2 EL gehackte Zwiebel	*zerstoßen*

FÜR DIE PFANNKUCHEN

100 g Mehl	*4–6 EL Crème double*
2 große Eier	*ca. 4 EL Butter*
Garflüssigkeit der	*6 EL gehackte frische*
Muscheln (siehe Rezept)	*Petersilie*

Muscheln waschen und die offenen, die sich beim Daraufklopfen nicht schließen, wegwerfen; Bärte entfernen. In einem großen Topf den Wein mit den Zwiebeln, Petersilienstengeln und Pfefferkörnern zum Kochen bringen. Die Muscheln (in zwei Partien) zugeben und den Deckel fest auflegen. Bei großer Hitze 3–4 Minuten garen, bis sich die Muscheln öffnen; zwischendurch schütteln. Das Muschelfleisch aus den Schalen lösen; alle Muscheln wegwerfen, die sich nicht geöffnet haben oder streng riechen! Die Flüssigkeit in einen Meßbecher gießen, abschmecken und dann abkühlen lassen.

Für den Pfannkuchenteig das Mehl in eine Schüssel (oder Mixer) geben und mit den Eiern, der Muschelflüssigkeit und 2 EL Sahne verrühren. (Mixer nicht zu lange laufen lassen.) Den Teig möglichst 1 Stunde stehenlassen.

In einer Pfanne 1$\frac{1}{2}$ EL Butter zerlassen. Butter zum Pfannkuchenteig geben, gut unterrühren. Weiteren $\frac{1}{2}$ EL Butter zerlassen und die Pfanne schwenken. Pro Pfannkuchen ca. 1 Tasse Teig nehmen. Pfanne anheben und den Teig rasch zur Mitte laufen lassen; Pfanne dabei schwenken, damit er sich auf dem Pfannenboden verteilt. (Teig, der nicht sofort fest wird, herausschöpfen – *filloas* sollen dünn sein.) Pfanne zurück auf die Kochstelle setzen und rütteln, damit der Pfannkuchen nicht ansetzt. 1 Minute bakken, bis die Unterseite goldbraun ist, dann mit Bratenwender umdrehen. Zweite Seite ebenfalls bräunen. Zusammenrollen und auf einem Teller warm stellen, während die übrigen Pfannkuchen gebacken werden. In einem Topf das Muschelfleisch mit restlicher Sahne erhitzen. Muscheln mit etwas Sahne am Rand auf die Pfannkuchen geben, mit Petersilie bestreuen; *filloas* zusammenrollen. Sofort servieren.

Köstlich frische Meeresfrüchte gibt es in Galicien in großen Mengen.

Rührei mit Garnelen und jungen Rübenblättern

○

REVUELTO DE GAMBAS Y GRELOS

Eier findet man auf allen spanischen Speisekarten, entweder als *tortilla* oder als *revuelto*, Rührei. Garnelen sind auch sehr beliebt, und dieses Rezept bietet eine preiswerte Möglichkeit, sie zu genießen. Als Blattgemüse werden meist die Blätter von weißen Rüben verwendet, man kann aber auch Spinat oder Grünkohl nehmen. Knuspriges Brot paßt dazu ausgezeichnet.

FÜR 4 PERSONEN

250 g junge Blätter von weißen Rüben oder Spinat, gewaschen, geputzt und in kleine Stücke gezupft	*100 g geschälte Garnelen*
	8 große Eier
	2 EL Milch
	Salz und frisch gemahlener schwarzer Pfeffer
2 EL Butter	*2 EL Öl*

Die zarten Gemüseblättchen zum Blanchieren in kochendes Wasser tauchen und sofort wieder herausheben. Gut abtropfen lassen und hacken. In zwei Bratpfannen jeweils 1 EL Butter erhitzen, bis sie schäumt. In jede Pfanne die Hälfte der Blätter geben. Die Garnelen hinzufügen und heiß werden lassen (rohe Garnelen 2 Minuten garen).

Die Eier mit der Milch verschlagen und salzen und pfeffern. Öl in die Pfannen gießen, auf mittlere Temperatur schalten und die verschlagenen Eier hineingießen. Mit einem Holzlöffel rühren und das Ei vom Rand zur Mitte schieben. Fertiges Rührei auf 4 Portionstellern anrichten.

Rochen mit Erbsen und Kartoffeln in Paprikasauce

RAYA A LA GALLEGA

Dieses Rezept mit Erbsen und einer roten Sauce aus Öl und Paprika eignet sich für jeden weißfleischigen Fisch, insbesondere für Seeteufel. Häufig wird der Fisch mit in Streifen geschnittenen roten Paprikaschoten garniert, so daß das Gericht besonders farbenfroh aussieht.

FÜR 4 PERSONEN

4 Portionen Rochenflügel (oder Seeteufel)	*250 g enthülste Erbsen (oder Tiefkühl-Erbsen)*
Salz und frisch gemahlener schwarzer Pfeffer	*4 EL Olivenöl*
ca. 2 TL Paprika	*4 Knoblauchzehen, in Scheiben geschnitten*
500 g kleine Kartoffeln, in Scheiben geschnitten	*1 EL Weißweinessig*
4 kleine Zwiebeln, in Ringe geschnitten	*2 eingelegte pimientos oder gegarte rote Paprika-schoten (s. Seite 78), nach Belieben*
1 EL gehackter Oregano	
1 Lorbeerblatt	

Die Fischstücke mit Salz, Pfeffer und Paprika würzen und zum Durchziehen stehenlassen.

Zwischenzeitlich die Kartoffeln in einen breiten Schmortopf geben. Die Zwiebeln gleichmäßig darauf verteilen, mit Oregano bestreuen und Lorbeerblatt zugeben. Soviel Wasser angießen, daß die Zutaten gerade bedeckt sind. Auf starke Hitze schalten; Kartoffeln 15 Minuten köcheln lassen.

Die Erbsen dazugeben und den Fisch darauflegen. Temperatur herunterschalten, Deckel auflegen und alles etwa 15 Minuten garen, bis die Kartoffeln weich sind. Garflüssigkeit abgießen und 125 ml davon abmessen. In einem kleinen Topf das Öl mit dem Knoblauch erhitzen. Wenn der Knoblauch braun wird, den Topf von der Kochstelle nehmen, die abgemessene Garflüssigkeit, Essig und 1 TL Paprika dazugeben. Aufkochen lassen und über die Zutaten im Schmortopf gießen. Nach Belieben mit roten Paprikastreifen garnieren. Den Topf im warmen Backofen oder bei niedriger Temperatur etwa 5–10 Minuten stehenlassen, damit die Aromen verschmelzen.

Pastete mit Kaninchenfleischfüllung

○

EMPANADA DE COELLO

Galicische Pasteten sind groß, flach und haben einen Teigdeckel mit Zierrand. Bei keinem Fest dürfen Pasteten fehlen, aber man genießt sie auch als Snack. Schalen- und Krustentiere, Schweinefleisch und Wurst, auch Wildvögel wie Tauben (früher Drosseln) sind beliebte Füllungen. Das Rezept stammt aus Betanzos.

FÜR 8–12 PERSONEN

1 Kaninchen, zerlegt	*6–8 EL gehackte frische*
1 EL Paprika	*Petersilie*
125 ml Rotwein	

FÜR DIE MARINADE

Salz und frisch gemahlener	*1 große Gemüsezwiebel,*
schwarzer Pfeffer	*gehackt*
2 Lorbeerblätter, in kleine	*4 Knoblauchzehen, feinge-*
Stücke gebrochen	*hackt*
4 Zweige frischer Thymian	*6 EL Rotweinessig*
1 Zweig Rosmarin	*6 EL Olivenöl*

FÜR DEN PASTETENTEIG

300 g Mehl sowie Mehl	*175 g kaltes Schweine-*
zum Ausrollen	*schmalz oder Butter, in*
150 g gelbes Maismehl	*Würfel geschnitten*
½ TL Salz	*1 EL Olivenöl*
2 kleine Eier	*1 EL Wasser*

Mit der Zubereitung am Vortag beginnen. Die Kaninchenteile in eine ofenfeste Keramikform legen, mit den Marinadenzutaten bedecken und mehrere Stunden stehenlassen; zwischendurch wenden. Kaninchenstücke erneut umdrehen. Die Form für 1 Stunde in den auf 170 °C (Gasherd Stufe 2) vorgeheizten Backofen stellen und das Fleisch langsam bräunen. Mit Paprika bestreuen, mit Rotwein begießen und eine weitere Stunde garen. Die Kaninchenteile und die Garflüssigkeit in der Form abkühlen lassen.

Für den Pastetenteig Weizenmehl, Maismehl und Salz in der Küchenmaschine vermengen. Das Fett und dann die Eier unterarbeiten. Wenn nötig, je 1 EL Öl und Wasser dazugeben, so daß ein rollbarer Teig entsteht. (Das Fett und die Eier können auch mit den Fingern unter das Mehl gearbeitet werden.) Pastetenteig 20 Minuten kalt stellen.

Zur Zubereitung der Füllung das Kaninchenfleisch von den Knochen lösen und zerpflücken. Sofern vorhanden, Leber, Herz und Nieren des Kaninchens abspülen und säubern. In Würfel schneiden und mit den Zwiebeln und der Garflüssigkeit aus der Form vermischen. Erscheinen die Zutaten zu trocken, noch etwas Rotwein angießen.

Den Backofen auf 200 °C (Gasherd Stufe 3–4) vorheizen und eine flache, etwa 35 x 25 cm große, ofenfeste Form einfetten. Den Teig in zwei gleiche Portionen teilen. Eine Hälfte auf der bemehlten Arbeitsfläche zu einem Rechteck ausrollen, etwas größer als die Form. Den Teig locker um das Nudelholz legen, über der gefetteten Backform abrollen und am Rand überstehen lassen. Die Ränder so einkürzen, daß der Teig nur wenig größer als die Form ist; die Teigabschnitte aufbewahren. Das Kaninchenfleisch so auf dem Teig verteilen, daß rundum ein Rand frei bleibt. Kräftig würzen und großzügig mit Petersilie bestreuen.

Zweite Teighälfte zu einem Rechteck in Größe der Form ausrollen und als Deckel auf die Füllung legen. Den äußeren Teigrand nach innen über den Teigdeckel schlagen und mit einer Gabel rundum andrücken. Als Verzierung lange Teigstreifen so auf dem Teigdeckel anordnen, daß Quadrate entstehen. Den Teigdeckel mit Öl bestreichen und mit einer Gabel einstechen. Pastete für 20–30 Minuten in den Ofen schieben. Kurz abkühlen lassen und in Quadrate schneiden. Die Pastete wird aus der Hand gegessen.

Eintopf von Fisch und Meeresfrüchten

○

CALDEIRADA DE PESCADOS Y MARISCOS

FÜR 6 ODER MEHR PERSONEN

1,25 kg (eßbarer Anteil) Fisch, gesäubert	10 schwarze Pfefferkörner, zerstoßen
5 EL Olivenöl	1 guindilla oder 1/2 getrocknete Chilischote, Samen entfernt, gehackt
750 g Zwiebeln, gehackt	
500 g Venusmuscheln, Miesmuscheln etc., gesäubert (s. Seite 61)	frisch geriebene Muskatnuß
	8–10 EL gehackte Petersilie
Salz und frisch gemahlener schwarzer Pfeffer	350 g Garnelen
	500 ml trockener Weißwein
1 1/2 EL Paprika	

Rücken- und Schwanzflossen der Fische mit einer Schere abschneiden. Zum Entschuppen der Fische mit dem Rücken eines Messers oder dem Daumen vom Schwanzende zum Kopf hin über die Haut fahren. Bauchhöhlen gründlich ausspülen. Die Fischköpfe abschneiden; sie können eingefroren und für einen Fischfond verwendet werden. Ganze Fische quer in etwa 5 cm lange Abschnitte, Filets in Stücke von ungefähr der gleichen Größe schneiden.

Im bereitgestellten Topf 2 EL Öl erhitzen. Eine nicht zu dünne Schicht Zwiebeln hineingeben. Darauf ein Drittel der Fischstücke legen (jeder Sorte einige). Die Hälfte der Muscheln in die Zwischenräume stecken. Mit Salz, 1/2 EL Paprika, der Hälfte der Pfefferkörner, etwas gemahlenem Pfeffer, der *guindilla* oder Chilischote und Muskat würzen. Mit 1 EL Öl beträufeln und reichlich Petersilie darüberstreuen. Eine Lage Garnelen darauf verteilen.

Die einzelnen Lagen wiederholen. Zum Schluß die restlichen Fischstücke einfüllen, wie beschrieben würzen und die Zwischenräume mit Zwiebeln ausfüllen. Mit Petersilie bestreuen. Den Wein und etwa 200 ml Wasser dazugießen, damit die Zutaten beinahe mit Flüssigkeit bedeckt sind. Dann noch 1/2 EL Paprika und einen weiteren Eßlöffel Öl darübergeben.

Das Ganze zum Kochen bringen (was ungefähr 10 Minuten dauert). Dann den Deckel auflegen, die Temperatur herunterschalten und alles 15 Minuten köcheln lassen. Die Brühe abschmecken und zum Servieren Löffel, Messer und Gabeln aufdecken.

Dieses Rezept ist ein Lobgesang auf fangfrischen Fisch und läßt sich einfach zubereiten, da kein Fischfond benötigt wird. Makrele oder anderer fettreicher Fisch sollten nicht verwendet werden. Kleine Krebstiere eignen sich dagegen sehr gut.

Die Hälfte der angegebenen Menge kaufe ich in Form von ganzen Fischen wie Meerbarben oder kleinen Schollen (und nehme etwas mehr wegen der Fischköpfe) – die andere Hälfte als Fischfilet oder Steaks. Für diese eher geringe Anzahl von Portionen benötigt man einen hohen Topf von gut 20 cm Durchmesser (oder einen Suppentopf oder einen hohen Dampfdrucktopf), damit der Fisch lagenweise eingeschichtet werden kann, was zu dem besonderen Reiz dieses Gerichtes beiträgt.

Knusper-Pudding

○

LECHE FRITA

Das Rezept heißt „gebackene Milch", und diese Nachspeise ist deshalb an der gesamten spanischen Nordküste so beliebt, weil sie eine zarte, cremige Puddingmasse mit einem knusprigen Überzug vereint. Das Dessert kann heiß oder kalt serviert werden.

FÜR 6 ODER 8 PERSONEN

500 ml Milch	*3 große Eigelb*
3 Streifen Zitronenschale	*Sonnenblumenöl zum*
¹/₂ Stange Zimt	*Ausbacken*
100 g Zucker sowie Zucker	*2 Eier (zum Panieren)*
zum Bestreuen	*6–8 EL Weißbrotkrumen*
4 EL Maisstärke	*oder Semmelbrösel*
2 EL Mehl	*gemahlener Zimt*

In einem Topf die Milch mit der Zitronenschale, der Zimtstange und dem Zucker unter Rühren zum Kochen bringen. Von der Kochstelle nehmen, abdecken und 20 Minuten zum Durchziehen stehenlassen.

Die Maisstärke und das Mehl in eine Schüssel geben und mit einem Holzlöffel das Eigelb unterschlagen. Etwas Milch unterrühren, bis die Masse glatt ist. Restliche heiße Milch durch ein Sieb in die Schüssel gießen, dann alles zurück in den Topf füllen. Eiercreme bei niedriger Temperatur erhitzen; ständig rühren, damit die Flüssigkeit gleichmäßig eindickt. Einige Minuten köcheln, bis ein dicker Pudding entsteht, der sich vom Topf löst. Kräftig mit dem Löffel durchschlagen, damit sich keine Klümpchen bilden. Den Pudding in eine kleine, flache Form füllen und zu einem Quadrat von ca. 20 cm Seitenlänge und 1 cm Dicke glattstreichen. Abkühlen, dann in den Kühlschrank stellen.

Ca. 1 cm hoch Öl in eine Pfanne gießen und stark erhitzen. Den Pudding in 8 oder 12 Quadrate schneiden. Die Eier auf einem Teller verschlagen. Die Hälfte der Puddingquadrate mit einem Bratenwender in das Ei tauchen, herumdrehen und anschließend in Bröseln wenden.

Die panierten Puddingstücke in die Pfanne heben und einige Minuten im Öl goldbraun ausbacken; dabei immer wieder mit einem Löffel heißes Öl auf die Oberseite schöpfen. Auf Küchenkrepp abtropfen lassen, während die zweite Partie fritiert wird. Vor dem Servieren mit Zimt und Zucker bestreuen. Heiß oder kalt servieren.

KAPITEL 6

Asturien und Kantabrien

Asturien nimmt die Mitte der parallel zur Nordküste verlaufenden Bergkette ein. Die am Atlantik gelegene Region ist meist neblig, üppig grün, voller Apfelbäume und berühmt für ihren guten Apfelwein und ihre Milch. Es ist das Bergbauzentrum Spaniens, wo man fabada kocht, ein Eintopfgericht mit besonders großen weißen Bohnen. Kantabrien ist der Korridor zum Baskenland und seiner Küste mit unzähligen kleinen Buchten und Fischerdörfchen und der Casinostadt Santander.

Fischsuppe mit Venusmuscheln und Porree

SOPA DE PESCADO SANTANDERINA

Grätenreicher Fisch wie der *cabracho* (Roter Drachenkopf), der an der felsigen Küste lebt, ist die Grundlage dieser delikaten Suppe. Sie wird für die Sommergäste zubereitet, die die Küstenstadt Santander besuchen.

FÜR 4 PERSONEN

1 ganzer Fisch von ca. 400 g (Roter Drachenkopf, Schnapper), gesäubert	*1 Knoblauchzehe, gehackt*
350 g fester, weißfleischiger Fisch (Seeteufel, Meeraal oder Kabeljau)	*4 reife Tomaten (abgezogen und entkernt, wenn der Mixer benutzt wird), gehackt*
2 Zwiebeln, getrennt gehackt	*2 Stangen Porree, geputzt*
1 Lorbeerblatt	*100 g Reis*
Salz	*200 g Venusmuscheln (chirlas)*
1 l Wasser	*frisch gemahlener schwarzer Pfeffer*
150 ml trockener Weißwein	*1 hartgekochtes Ei, gehackt*
2 EL Olivenöl	

Den Fisch mit einer gehackten Zwiebel, dem Lorbeerblatt, einer Prise Salz, dem Wasser und der Hälfte des Weins 20 Minuten köcheln lassen. Durch ein Sieb gießen und den Fischfond auffangen. Haut, Gräten und Fischkopf wegwerfen, das Fleisch zerpflücken.

Während der Fisch gegart wird, in einem anderen Topf die zweite Zwiebel im Öl weichdünsten. Knoblauch, gehackte Tomaten und fast den gesamten Porree (gehackt) hinzufügen. Alles unter gelegentlichem Rühren zu einer Sauce einkochen lassen. Dann im Mixer pürieren oder durch ein Passiersieb streichen.

Püree mit Fischfond und restlichem Wein in einen Topf gießen, zum Kochen bringen. Reis zugeben und ca. 20 Minuten weichgaren. Übrigen Porree (in Streifen geschnitten) und Venusmuscheln ca. 5 Minuten bevor der Reis gar ist dazugeben. Wenn sich die Muscheln öffnen, die Suppe durchrühren und zerpflückten Fisch zugeben. Salzen und pfeffern und zum Servieren mit gehacktem Ei bestreuen.

69

Fischklößchen in Apfelweinsauce

○

ALBÓNDIGAS DE PESCADO EN SALSA

Diese Fischklößchen sind ideal für alle, die keine Gräten mögen, und werden aus den Bauch- und Flossenabschnitten von Seehecht, Bonito oder auch eingeweichtem *bacalao* (Klippfisch) zubereitet.

FÜR 4–5 PERSONEN

750 g fangfrischer weißfleischiger Fisch, wie Seehecht, Haut und Gräten entfernt	2 Scheiben altbackenes Weißbrot, in 4 EL Milch eingeweicht
2 große Zwiebeln, feingehackt	2 Knoblauchzehen
etwa 6 EL Olivenöl	4 große Eier
6 EL gehackte frische Petersilie	Salz und frisch gemahlener schwarzer Pfeffer
	6–8 EL Mehl

FÜR DIE APFELWEINSAUCE

2 EL gehackte Zwiebel	1 Streifen Zitronenschale sowie der Saft von
2 EL Butter	1 Zitrone
2 EL Mehl	2 EL feingehackte Petersilie
250 ml starker Apfelwein	
600–800 ml Fischfond	

Die Zwiebeln in der Küchenmaschine feinhacken und in 2 EL heißem Öl goldgelb braten. Petersilie, Brot und Knoblauch kleinschneiden oder in der Küchenmaschine zerkleinern. Den Fisch dazugeben und zerkleinern. Zwiebeln mit 3 Eiern zugeben und kräftig würzen. Zutaten vermengen, die Masse soll aber nicht breiig werden. In den Kühlschrank stellen, während die Sauce zubereitet wird.

In einem kleinen Topf die Zwiebeln in Butter weichdünsten. Mehl einrühren und 1 Minute garen. Apfelwein, Fischfond, Zitronenschale und Zitronensaft dazugeben und alles sanft köcheln lassen. Die Fischmasse mit einem Suppenlöffel abstechen und auf der bemehlten Arbeitsfläche zu Klößchen rollen. Das verbliebene Ei auf einer Untertasse verschlagen, die Fischklößchen darin wenden.

Fischklößchen in Olivenöl goldbraun braten. In einer vorgewärmten flachen Schüssel anrichten. Die Zitronenschale aus der Sauce nehmen, Petersilie einrühren und abschmecken. Fischklößchen mit Sauce übergießen und servieren.

Frischer Fisch, darunter Meerbrasse, Zackenbarsch,
Tintenfisch, Meerbarbe und Meeräsche.

Bohneneintopf nach asturischer Art

○

FABADA ASTURIANA

Der weltberühmte Bohneneintopf stammt aus den zerklüfteten Bergen Asturiens. Die Bohnen werden mit Spezialitäten der Region zubereitet, wie *lacón*, der gepökelten Vorderhaxe vom Schwein, und über Eichenholz geräucherten Würsten. Gepökeltes Schweine- oder Rindfleisch eignet sich gut als Ersatz. Gepökelte Würste gehören ebenfalls in den Eintopf und verleihen den weißen Bohnen ein unvergleichliches Aroma.

FÜR 6 PERSONEN

800 g getrocknete gelbe
    Gartenbohnen
700 g gepökelter Schweine-
    bauch (oder gepökelte
    Rinderbrust oder -keule)
700 g geräuchertes Schinken-
    eisbein, Schwarte einge-
    schnitten
6 schwarze Pfefferkörner,
    zerstoßen
1 TL Paprika

eine Messerspitze gemahle-
    ner Safran
1 Lorbeerblatt
2 EL Öl (nach Belieben)
4 Knoblauchzehen, gehackt
500 g chorizo oder geräu-
    cherte Wurst wie caba-
    nossi
175 g morcilla oder
    Blutwurst

Einen Suppentopf von 6 l Fassungsvermögen bereitstellen. Die Bohnen in einer Schüssel mit kochendem Wasser übergießen, so daß sie gut bedeckt sind. Gepökeltes Fleisch (Schweinebauch, Rinderbrust oder -keule und Schinkeneisbein) in den Suppentopf geben, mit kaltem Wasser bedecken und zum Kochen bringen. Das Fleisch dann abgießen und zurück in den Suppentopf legen.

Die Bohnen abgießen und mit den Pfefferkörnern, dem Paprika, Safran und Lorbeerblatt zum Fleisch in den Topf geben. 2 l Wasser dazugießen. Alles langsam zum Kochen bringen, dann bei sehr niedriger Temperatur 2 Stunden sanft köcheln lassen. (Bei einem Gasherd einen kleinen Brenner benutzen und zusätzlich ein Gitter unterlegen, das die Wärme verteilt.) Beim Garen kontrollieren, ob die Bohnen noch mit Flüssigkeit bedeckt sind, aber nicht umrühren.

Das Schinkeneisbein und das Fleisch herausnehmen und etwas abkühlen lassen. Die Schwarte und das Fett abschneiden und etwa 2 EL kleingeschnittenes Fett zum Braten nehmen (oder Öl verwenden). Das Fett in einer Bratpfanne auslassen, den Knoblauch leicht braten und dann zu den Bohnen geben. Die Wurstscheiben und die *morcilla* oder Blutwurst braten (Kunstdärme vorher entfernen). Mit dem ausgebratenen Fett unter die Bohnen rühren.

Fleisch vom Knochen lösen und wie den Bauchspeck oder das Rindfleisch in Stücke schneiden. Zurück in den Topf geben; alles einige Minuten köcheln lassen. Abschmekken (durch das Fleisch sollte der Eintopf ausreichend salzig sein). Frischer Weißkohl paßt gut dazu.

Huhn mit Äpfeln

○

POLLO CON MANZANAS

An der spanischen Nordküste, wohin Mais erstmals aus der Neuen Welt nach Europa gelangte, werden alle Hühner damit gefüttert. Hier ein köstliches Rezept mit Äpfeln.

FÜR 6 PERSONEN

1 Mais-Huhn (etwa 2 kg)	*1 EL Schweineschmalz*
Salz und frisch gemahlener	*1 EL Öl*
schwarzer Pfeffer	*2 Zwiebeln, feingehackt*
1 Streifen Zitronenschale	*200 ml trockener Weißwein*
1 Knoblauchzehe, zerdrückt	*oder starker Apfelwein*
3–4 Stengel Petersilie,	*1 EL Zitronensaft*
zerdrückt	*2 EL gehackte frische*
3 Nelken	*Petersilie*
700 g Tafeläpfel, geschält,	*1/2 TL gemahlener Zimt*
in Vierteln, Kerngehäuse	*2 EL Sahne*
und Schale aufbewahrt	

Das Huhn innen und außen salzen und pfeffern und die Gewürze gründlich in die Haut reiben. Zitronenschale, zerdrückten Knoblauch, Petersilienstengel und Nelken zusammen mit den Kerngehäusen und Schalen der Äpfel in die Bauchhöhle des Huhns füllen.

In einem Schmortopf, in dem das Huhn gerade Platz hat, Schweineschmalz und Öl erhitzen. Das Huhn mit einer Brustseite nach unten hineinlegen. Das Geflügel anbraten; es dabei regelmäßig drehen und an der Topfseite abstützen, damit auch die Schenkel gut gebräunt werden. Zum Schluß so hinlegen, daß die Brust nach oben zeigt. Zwiebeln rund um das Huhn verteilen, damit sie weich werden.

Einen Apfel in Stücke schneiden und unter die Zwiebeln heben. Wein oder Apfelwein, Zitronensaft und Petersilie zugeben. Den Deckel mit daruntergelegter Alufolie fest schließen und den Topf für 35 Minuten in den auf 180 °C (Gasherd Stufe 2–3) vorgeheizten Backofen schieben.

Restliche Apfelviertel dazugeben, mit Zimt bestreuen und den Topf für weitere 10–15 Minuten in den Ofen stellen. Wenn das Huhn gar ist, die Flüssigkeit, die sich in der Bauchhöhle gesammelt hat, in den Topf laufen lassen. Das Huhn auf eine vorgewärmte Servierplatte heben und mit den Äpfeln umlegen. Den Topfinhalt in der Küchenmaschine pürieren, dann zurück in den Topf gießen und heiß werden lassen. Sauce abschmecken und nötigenfalls noch etwas mehr Zitronensaft dazugeben. Die Sahne unterrühren und die Sauce getrennt reichen.

Rinderschmorbraten mit weißen Rüben und Möhren

○

ESTOFADO DE BUEY

Da die Fleischqualität in Spanien generell nicht so gut ist, wird Rindfleisch meist geschmort oder gekocht. Für Braten nimmt man das Fleisch von jungen Tieren. Bei diesem schmackhaften Rezept reicht man zu dem aufgeschnittenen Fleisch das mitgeschmorte Wurzelgemüse.

FÜR 6 PERSONEN

1,5 kg Rinderschmorbraten am Stück, gebunden
Salz und frisch gemahlener schwarzer Pfeffer
1–2 EL Paprika
2 EL Schweineschmalz
3 Zwiebeln, gehackt
200 g tocino, ungeräucherter Frühstücksspeck, frischer oder gepökelter Schweinebauch, in Würfeln
1 Rinder- oder Schinkenknochen
4 Möhren, in dicke Scheiben geschnitten

4 kleine weiße Rüben, in Achtel geschnitten
2 Zweige Thymian
4 Stengel Petersilie, zerdrückt, sowie 2 EL gehackte Petersilie
1 Stengel Minze
1 Lorbeerblatt
150 ml Rotwein
150 ml Rotweinessig

Das Rindfleisch mit Salz, Pfeffer und Paprika einreiben. In einem Bräter, in dem alle Zutaten gerade Platz haben, das Schweineschmalz erhitzen und das Rindfleisch rundum anbraten. Dann die gehackten Zwiebeln rund um das Fleisch verteilen. Wenn sie weich werden, den Speck oder Schweinebauch dazugeben und unter gelegentlichem Durchheben mitgaren.

Den Knochen, die Möhren, Rüben und Kräuter (am besten mit einem Stück Küchengarn zusammengebunden) mit in den Topf geben. Nochmals leicht würzen. Die gehackte Petersilie, den Wein und Essig dazugeben und alles im offenen Topf zum Kochen bringen. Dann Alufolie unter den Deckel legen, damit er fest schließt, und alles $1^1/_2$ Stunden leise köcheln lassen, bis das Fleisch gar ist.

Das Rindfleisch auf eine Platte heben und vor dem Servieren 10 Minuten ruhen lassen.

Den Rinderschmorbraten in Scheiben schneiden und mit dem Gemüse und dem Speck oder Schweinebauch umlegen. Knochen und Kräuter wegwerfen. Den übrigen Topfinhalt im Mixer verrühren. Erhitzen und abschmecken. Etwas Sauce über das Fleisch schöpfen, den Rest getrennt in einer Sauciere reichen. Mit Petersilie bestreuen.

Hähnchen mit Reis und Paprikaschoten

○

POLLO CAMPURRIANO

Ein Rezept aus dem Hinterland von Santander. Das Huhn wird großzügig mit Paprika gewürzt, angebraten, mit Schinken und Paprikaschoten gegart und mit Reis serviert. Anstelle von Frühlingszwiebeln kann man auch kleine Perlzwiebeln verwenden, doch sollte man sie vor dem Schälen 5 Minuten in kochendem Wasser blanchieren.

FÜR 4 PERSONEN

1 Mais-Hähnchen, in vier Teile zerlegt	*1 grüne Paprikaschote, Samen entfernt, gehackt*
6 EL Olivenöl	*8 große weiße Frühlings-*
Salz und frisch gemahlener schwarzer Pfeffer	*zwiebeln oder Perlzwie-beln (siehe oben)*
3 TL Paprika	*1 Lorbeerblatt*
2 TL Mehl	*500 ml Hühnerbrühe*
150 g durchwachsener Speck (tocino) oder roher Schinken, in Würfel geschnitten	*1 Gemüsezwiebel, gehackt*
	2 Knoblauchzehen, feinge-hackt
	200 g Paella- oder Risotto-Reis, gewaschen
1 rote Paprikaschote, Samen entfernt, gehackt	*250 ml trockener Weißwein*

In einer Bratpfanne 4 EL Öl erhitzen. Das Geflügel kräftig mit Salz und Pfeffer würzen, das Fleisch mit 2 TL Paprika einreiben, dann mit Mehl bestäuben. Bei mittelstarker Hitze mit der Hautseite nach unten in die Pfanne legen und 5 Minuten auf jeder Seite goldbraun anbraten. Nach dem Wenden der Geflügelteile *tocino* oder gehackten Schinken, Paprikaschoten und Frühlingszwiebeln dazugeben.

Angebratenes Geflügel nebeneinander in einen Schmortopf legen und mit dem restlichen Mehl bestäuben. Frühlingszwiebeln, Schinken und Paprikaschoten in den Zwischenräumen verteilen und Lorbeerblatt dazugeben. Ca. 200–250 ml Brühe dazugießen, so daß die Zutaten gerade bedeckt sind. Deckel auflegen und köcheln lassen.

Die Zwiebeln in dem Öl, das in der Pfanne verblieben ist, braten, bis sie weich werden; nötigenfalls noch etwas zusätzliches Öl dazugeben. Die gehackten Knoblauchzehen und den Reis hinzufügen. Mit 1 TL Paprika bestreuen und durchrühren. Den Wein dazugießen und langsam zum Kochen bringen. Dann 300 ml Brühe hinzufügen und alles 15 Minuten sanft köcheln lassen, bis der Reis die Flüssigkeit aufgenommen hat. Darauf achten, daß er nicht austrocknet; wenn nötig, noch ein wenig Flüssigkeit aus dem Schmortopf dazugießen.

Wenn der Reis gar ist, Alufolie darüberdecken, von der Kochstelle nehmen und 5 Minuten ruhen lassen. Reis und Geflügel anrichten und auftragen. Nach Belieben einen Teil des Frühlingszwiebelgrüns hacken und zum Garnieren über das Geflügel streuen.

Frauen waschen ihre Wäsche in einem der schnell fließenden Flüsse, von denen es viele in der Region gibt.

Schullehrers Haselnußmakronen

○

CARAJITOS DEL PROFESOR

Nußsträucher und Hennen gehören hier zum Landschaftsbild, und so liegt es nahe, daß man Nüsse und Eier für das beste Gebäck verwendet. Kinder lieben diese Haselnußmakronen und trinken ein Glas Milch dazu. Das Rezept wurde nach einem Lehrer aus Salas benannt.

ERGIBT ETWA 20 STÜCK

150 g abgezogene Hasel-nüsse
150 g Zucker
abgeriebene Schale von ¹/₂ Zitrone

eine Messerspitze gemahlener Zimt
Eiweiß von 2 großen Eiern
Butter zum Einfetten

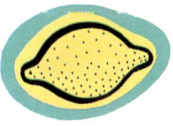

Den Backofen auf 190 °C (Gasherd Stufe 3) vorheizen und die Haselnüsse während des Aufheizens etwa 20 Minuten rösten. Anschließend mahlen (bei Verwendung der Küchenmaschine das Gerät nicht zu lange laufen lassen, damit die Nüsse nicht zu Mus zerkleinert werden).

Die Zitronenreibe mit etwas Zucker abreiben, um das daran haftende Zitronenöl aufzunehmen. Dann die abgeriebene Zitronenschale zwischen den Händen gründlich mit dem Zucker vermischen. Zimt darüberstreuen.

Das Eiweiß schlagen, bis weiche Spitzen stehen bleiben. Etwa ein Viertel des Eischnees zum Auflockern unter die gemahlenen Haselnüsse heben. Ca. die Hälfte des Zuckers über den Eischnee streuen und unterziehen, dann restlichen Zucker, abwechselnd mit der Nußmasse, unterheben.

Ein oder zwei Backbleche mit Alufolie auslegen und einfetten. Im Abstand von von 2,5 cm walnußgroße Makronen daraufsetzen. Für 15 Minuten in den Backofen schieben, bis sie goldbraun sind. Die Makronen 5 Minuten abkühlen lassen, dann von der Folie abheben.

KAPITEL 7

Das Baskenland

---◆---

As kleine Provinz im Norden, am Golf von Biscaya an der Grenze zu Frankreich gelegen, nimmt das Baskenland eine Bedeutung ein, die in keinem Verhältnis zu seiner Größe steht – insbesondere wenn es um die Küche geht! Das Essen hat eine französische Note, und die Region ist die Heimat der eigenwilligen nouvelle cuisine *Spaniens. Die Gegend ist berühmt für ihren Fisch, darunter Klippfisch und Meerspinnen, sowie für feine* tapas. *Die Einheimischen haben eine Vorliebe für Bohnen.*

Garnelen in Ausbackteig

○

GAMBAS EN GABARDINAS

Dies ist eine sehr beliebte *tapa* im Baskenland. Der spanische Rezeptname, der bedeutet, daß die Garnelen „Regenmäntel tragen", stammt wohl aus der Zeit, als die Soldaten der französischen Bonapartisten in ihren wasserdichten Regencapes einmarschierten.

FÜR 4 PERSONEN

500 g große Garnelen in der Schale	*1 Zitrone, in Achtel geschnitten*
Olivenöl zum Fritieren	

FÜR DEN AUSBACKTEIG

100 g Mehl	*175 ml lauwarmes Wasser*
eine Prise Salz	*eine Messerspitze*
5 EL Öl oder zerlassene	*Cayennepfeffer*
Butter	*Eiweiß von 1 großen Ei*

Für den Ausbackteig Mehl mit einer Prise Salz in den Mixer (oder Schüssel) geben. Öl oder Butter einarbeiten, dann das warme Wasser, damit ein glatter Teig entsteht. Mit Cayennepfeffer würzen. Den Teig ruhen lassen, während die Garnelen aus den Schalen gelöst werden. Das Öl zum Fritieren erhitzen. Eiweiß schlagen, bis weiche Spitzen stehen bleiben. Eischnee unter den Teig heben.

Garnelen einzeln durch den Ausbackteig ziehen und ins heiße Öl legen. Etwa 30 Sekunden fritieren, bis der Teig aufgegangen und gebräunt ist. Garnelen mit einem Schaumlöffel herausheben und auf Küchenkrepp legen. Mit Zitronenachteln servieren.

Omelette mit Tomaten und Paprikaschoten

○

PIPERRADA VASCA

Dieses Eiergericht ist ungewöhnlich für Spanien. Das weiche Omelett zeigt den Einfluß des französischen Baskenlandes jenseits der Grenze. Die Paprikaschoten werden zunächst im Grill geröstet, damit sich die Haut löst.

FÜR 4 PERSONEN

500 g rote (oder grüne) Paprikaschoten
1 Zwiebel, gehackt
4 EL Öl
1 Knoblauchzehe, feinge-hackt

500 g reife Tomaten, abge-zogen und entkernt
6 große Eier
Salz und frisch gemahlener schwarzer Pfeffer

Die Paprikaschoten unter den Grill legen und alle 5 Minuten drehen, bis sie rundum angekohlt sind. Dann 10 Minuten in einen Plastikbeutel legen. Haut abziehen und die Paprika halbieren. Stielansatz und Samen wegwerfen.

Zwischenzeitlich in einer Bratpfanne die Zwiebeln in 2 EL Öl braten bis sie weich und goldgelb sind. Knoblauch und gehackte Tomaten dazugeben. Die Paprikaschoten kleinhacken (oder in der Küchenmaschine). Paprikastücke und ausgetretenen Saft mit in die Pfanne geben und alles zu einer Sauce zerkochen. Eier verschlagen, würzen und in die Pfanne gießen. Durchrühren, so daß eine cremige, orangerote Masse entsteht. Dann wie ein Omelette ohne umzurühren braten, bis die Unterseite gestockt ist.

Salat mit Roquefort-Dressing

○

ENSALADA CON ROQUEFORT

Roquefort übt eine solche Anziehungskraft auf die Basken aus, weil er dieselben Geschmacksnerven wie *bacalao* (Klippfisch) reizt! Roquefort-Dressings sind auch in Madrid beliebt. Dieses hier ist erstklassig.

FÜR 4–6 PERSONEN

1–2 Köpfe Salat (vorzugs-
  weise Römischer Salat),
  gewaschen, in handbrei-
  ten Streifen, kalt gestellt
1 hartgekochtes Ei, geschält
  und gehackt

25 g serrano-Schinken, in
  Stücke gezupft (oder
  4 EL gewürfelter gekoch-
  ter Schinken)

FÜR DAS ROQUEFORT-DRESSING

2 EL zerkrümelter
  Roquefort
2 EL Crème double
2 EL Weißweinessig
6–8 EL natives Olivenöl

frisch gemahlener schwar-
  zer Pfeffer
eine Messerspitze scharfer
  Paprika oder Cayenne-
  pfeffer

Den grünen Salat in einer großen flachen Schale anrichten. Die ersten drei Zutaten für das Dressing vermischen, dann das Öl unterschlagen. Mit Pfeffer und Paprika oder Cayennepfeffer abschmecken. Über den Salat gießen. Mit Ei und Schinken garnieren.

Kartoffeln mit Tintenfisch & Venusmuscheln

○

PATATAS CON SEPIAS Y ALMEJAS

Ein einfaches Gericht mit Kartoffeln in grüner Sauce und zwei Sorten Meeresfrüchten. Tintenfisch eignet sich am besten für Eintopfgerichte. Ersatzweise kann man auch Kalmar (eine „Rakete mit Flossen") nehmen, doch empfiehlt es sich, einen großen zu kaufen, da kleine Kalmare so zart sind, daß sie sich nur braten lassen.

FÜR 4 PERSONEN

2 Tintenfische (insgesamt etwa 500 g) oder Kalmar
4 EL Olivenöl
2 Knoblauchzehen
1 Zwiebel, gehackt
50 g roher Schinken oder geräucherter Frühstücks-speck, in Würfeln
500 g Venusmuscheln oder Miesmuscheln, gesäubert (s. Seite 61), oder 150 g Herzmuschelfleisch

2 grüne Paprikaschoten, Samen entfernt, in Streifen geschnitten
1 kg Kartoffeln, geschält, in Würfeln
Salz und frisch gemahlener schwarzer Pfeffer
6 EL gehackte frische Petersilie
5 Safranfäden
50 ml Weißwein

Den Tintenfisch oder Kalmar vorbereiten. Dazu behutsam die Fangarme mit den Eingeweiden aus dem Körpermantel ziehen. Die Tentakel oberhalb der Augen abschneiden und den Kopf mit den Eingeweiden wegwerfen. Bei großen Tintenfischen und Kalmaren können die Kauwerkzeuge, die in der Mitte der Fangarme sitzen, wie ein Knopf herausgedrückt werden.

Die Kalkschale aus dem Tintenfischmantel herausdrükken. Kalmare haben einen transparenten Schulp, der sich aus dem Körpermantel herausziehen läßt. Die Hände mit Salz bestreuen, die Haut abreiben und den Körpermantel waschen. Bei einem Kalmar die Flossen abtrennen und in breite Streifen schneiden. Den Körper in breite Ringe schneiden und die Fangarme voneinander trennen.

In einem Schmortopf 2 EL Öl erhitzen und die Knoblauchzehen braten, bis sie Farbe annehmen. Dann sofort in einen Mörser geben.

Weitere 2 EL Öl in den Topf gießen und die Zwiebeln sowie Schinken oder Speck bei mittlerer Temperatur braten. Wenn die Zwiebeln zu bräunen beginnen, den Tintenfisch oder Kalmar hinzufügen und garen, bis die Stücke fest werden. Paprikastreifen dazugeben und einige Minuten unter Rühren garen. Die Kartoffeln hinzufügen und 600 ml Wasser angießen, so daß die Zutaten knapp bedeckt sind. Mit Salz würzen und zum Kochen bringen.

Den Knoblauch im Mörser zerreiben und mit 2 EL Petersilie, dem Safran und dem Wein zu einer Paste verarbeiten. Die Paste in den Topf rühren. Mit Pfeffer würzen. Zutaten etwa 20 Minuten garen, bis die Kartoffeln fast weich sind. Nach der Hälfte der Garzeit den Deckel abnehmen und einen Teil der Flüssigkeit verdampfen lassen.

Die Muscheln mit in den Topf geben und 2 Minuten erhitzen. Abschmecken und mit der verbliebenen Petersilie bestreuen.

Überbackener Chicorée

ENDIBIAS AL HORNO

Dies ist eines der wenigen spanischen Gerichte, das in die internationale Küche paßt, ohne seine Herkunft zu verraten. In den 60er Jahren war es in Großbritannien als Abendessen sehr beliebt.

FÜR 4 PERSONEN

4 dicke Stangen Chicorée
Salz

4 Scheiben roher oder
gekochter Schinken

FÜR DIE BÉCHAMEL-SAUCE

3 EL Butter
2 EL Mehl
250 ml Milch
50 g Idiazábal oder ein
anderer Hartkäse,
gerieben

frisch geriebene Muskatnuß
frisch gemahlener weißer
Pfeffer

Den Chicorée 5–6 Minuten in kochendem Salzwasser garen. Abgießen, leicht abkühlen lassen, dann zwischen Küchenkrepp überschüssige Flüssigkeit herausdrücken. Jede Stange in eine Scheibe Schinken wickeln. Eine nicht zu große Auflaufform mit Butter einfetten und Chicorée hineinlegen.

Die restliche Butter zerlassen, das Mehl einrühren und 1 Minute garen. Unter Rühren nach und nach die Milch dazugießen. Sobald die Sauce zum Kochen kommt, die Hälfte des geriebenen Käses unterrühren. Mit Muskat, Salz und Pfeffer abschmecken.

Die in Schinken gewickelten Chicoréestangen mit der Sauce übergießen, den verbliebenen Käse darüberstreuen und zum Überbacken unter den heißen Grill schieben.

Klippfisch in pikanter Sauce

○

BACALAO A LA VIZCAÍNA

Wie bei Kaviar besteht auch bei *bacalao* ein ausgewogenes Verhältnis zwischen Salz- und Fischgeschmack.

Der getrocknete Fisch ist in unterschiedlicher Form im Handel. Die besten und fleischigsten Stücke werden meist gesondert angeboten und sind mitunter weniger stark gesalzen. Erscheint der Klippfisch etwas feucht, erhöht sich sein Gewicht beim Einweichen nur gering, und der Fisch braucht nicht länger als 24 Stunden gewässert zu werden. Ist er dagegen hart und grau, muß er wenigstens 24 Stunden gewässert werden. Sein Gewicht verdoppelt sich dann, doch geht die Hälfte wieder verloren, wenn man die Haut und die Gräten entfernt.

Die Menge an Trockenfisch für dieses Klippfischrezept bemesse ich nach Augenmaß, schneide die besten Stücke zum Kochen heraus und hebe die weniger guten für Eintöpfe oder Salate auf (eingeweichter Klippfisch läßt sich einfrieren). Die rote Sauce wird mit einer getrockneten Paprikaschote aromatisiert, die würzig, aber auch süß und mild schmeckt. Außerhalb Spaniens ist sie kaum erhältlich. Als Ersatz dient Tomatenmark, dessen Süße durch eine Prise Cayennepfeffer ausgeglichen wird.

FÜR 4 PERSONEN

4 Portionen bacalao (Klippfisch), über Nacht eingeweicht
2 kleine rote Paprikaschoten
10 choricero-Paprikaschoten (nach Belieben)
1 Lorbeerblatt
4 Stengel Petersilie, zerdrückt etwa 1½ EL Mehl
100 ml Olivenöl
350 g Zwiebeln, in Streifen geschnitten

3 Knoblauchzehen
2 reife Fleischtomaten, abgezogen und entkernt
1 EL Tomatenmark (nach Belieben)
eine Messerspitze Cayennepfeffer (nach Belieben)
1 TL Zitronensaft (nach Belieben)
2–3 EL Semmelbrösel
2–3 EL gehackte frische Petersilie

Die beiden roten Paprika unter den Grill legen; alle 5 Minuten drehen, bis sie rundum angekohlt sind. Die Schoten für 10 Minuten in einen Plastikbeutel legen. Dann die Haut abziehen und die Schoten halbieren; Stielansatz und Samen wegwerfen. Das Fruchtfleisch in Streifen schneiden. Falls verwendet, die *choricero*-Paprika 30 Minuten in Wasser einweichen lassen. Abgegossenen Klippfisch mit Lorbeerblatt und Petersilienstengeln in einen Schmortopf geben, mit Wasser bedecken. Zum Kochen bringen, dann von der Kochstelle nehmen und abkühlen lassen.

Einen Teil des Weichwassers zurückstellen. Vom Fisch die Gräten entfernen, aber nicht die Haut. Fisch trockentupfen, dann mit Mehl bestäuben und in 4 EL sehr heißem Öl 6–7 Minuten goldbraun braten. Beiseite stellen. (Der Fisch braucht nicht warm gehalten zu werden.)

Zwiebeln im selben Öl braten. Bevor sie Farbe annehmen, Knoblauchzehen und gehackte Tomaten zugeben. Werden *choriceros* verwendet, Fruchtfleisch von der Haut abschaben und mit in den Topf geben. 50–75 ml der zurückgestellten Fischflüssigkeit dazugießen. Nehmen Sie keine *choriceros*, Tomatenmark und Cayennepfeffer hinzufügen.

Sobald sie dickflüssig aussieht, die Sauce im Mixer pürieren. Abschmecken; durch einen Spritzer Zitronensaft wird die Sauce pikant. Ist die Sauce hingegen zu scharf, läßt sich die Schärfe mit ¼ TL Honig mildern.

Die Hälfte der Tomatensauce in eine Auflaufform gießen und die Fischstücke darauf verteilen. Restliche Sauce darübergießen und mit roter Paprika garnieren. Mit Semmelbröseln und gehackter Petersilie bestreuen und in den heißen Grill stellen, bis der Fisch richtig heiß ist.

Viele Familien im Baskenland verdienen ihren Lebensunterhalt mit Fischfang.

Fischtopf mit Paprika und Kartoffeln

○

MARMITAKO

Ein *marmitako* ist die gleiche Art von Kochgeschirr aus Steingut oder Metall wie ein französischer *marmite*. Hier ein Eintopf, wie man ihn an Bord von Schiffen kocht. Als Zutaten nimmt man deshalb gewöhnlich Gemüse aus der Dose sowie einen fettreichen Fisch.

FÜR 4–5 PERSONEN

550 g weißer Thunfisch (bonito) oder 2–3 kleine Makrelen, filetiert
4 EL Olivenöl
1 Zwiebel, gehackt
2 Knoblauchzehen, feingehackt
Salz und frisch gemahlener schwarzer Pfeffer
400 g Tomaten aus der Dose, mit ihrem Saft

5 pimientos aus der Dose
150 ml trockener Weißwein
1 getrocknete Chilischote, Samen entfernt, gehackt
500 g Kartoffeln, in Würfeln
2 TL Paprika
2 EL gehackte frische Petersilie

Das Öl in einer Schmorpfanne erhitzen, in die der Fisch hineinpaßt. Die gehackte Zwiebel braten und, sobald sie weich wird, den Knoblauch dazugeben.

Den Thunfisch oder die Makrelen in Portionsstücke schneiden und kräftig würzen. Die Zwiebeln an den Rand der Pfanne schieben und den Fisch auf beiden Seiten anbraten.

Die Tomaten und *pimientos* zugeben und mit einem Löffel in Stücke teilen. Den Wein und die Chilischote dazugeben. Die Kartoffeln darauf verteilen und mit Paprika, Salz und Pfeffer würzen. Soviel Wasser angießen, daß die Zutaten gut bedeckt sind. Alles etwa 20 Minuten garen, bis die Kartoffeln weich sind und die Flüssigkeit etwas eingekocht ist. Abschmecken, Petersilie dazugeben und in Suppenschalen servieren.

Seezunge mit Meeresfrüchten in Sahnesauce

○

LENGUADO A LA VIZCAÍNA

Erstklassige Seezunge wird in der gesamten Bucht von Biscaya, bis hinunter zur baskischen Küste gefangen. Diese Art von Küche, mit einer schweren Sahnesauce, war ein Jahrhundert oder länger verbreitet. Schaltiere sind die perfekte Garnierung und liefern gleichzeitig den Fond für das Gericht.

FÜR 4 PERSONEN

4 Seezungen- oder Schollenfilets
2 EL gehackte Zwiebeln
6 schwarzer Pfefferkörner
4 EL gehackte frische Petersilie
1 Lorbeerblatt
200 ml trockener Weißwein
16 mittelgroße Venus- oder Miesmuscheln, gesäubert (siehe Seite 61)

4 EL Butter
Etwa 1 1/2 EL Mehl
Salz und frisch gemahlener weißer Pfeffer
125 ml Sahne

Gehackte Zwiebel mit den Pfefferkörnern, 2 EL Petersilie, dem Lorbeerblatt und dem Wein in einen Topf geben. Zum Kochen bringen. Muscheln hinzufügen, Deckel auflegen und die Muscheln 1–2 Minuten garen, bis sie sich öffnen. Muscheln herausheben, die Flüssigkeit 5 Minuten kochen lassen, dann beiseite stellen. Obere Schale der Muscheln entfernen. (Muscheln, die sich nicht öffnen, wegwerfen.)

Die Butter in einer Pfanne zerlassen. Fischfilets in gewürztem Mehl wenden und (evtl. in 2 Partien) einige Minuten auf jeder Seite braten. Auf eine vorgewärmte Servierplatte legen und warm halten. 1 TL Mehl in die Pfanne geben und mit der Butter verrühren. Den zurückgestellten Muschelfond durch ein Sieb dazugießen; Sahne hinzufügen. Den Bratensatz losschaben und die Sauce auf die Hälfte einkochen lassen. Dann die Muscheln mit der Schale nach oben hineinlegen, damit sie wieder heiß werden. Normalerweise ist es nicht nötig, die Sauce nachzuwürzen, doch sollte man sie kosten. Den Fisch mit der Sauce übergießen, mit Petersilie bestreuen und servieren. Als Beilage zu diesem Gericht eignen sich dünne Stangen Porree.

T-bone-Steak mit Armagnac-Sahne-Sauce

○

CHULETÓN DE BUEY A LA SARTÉN,
CON SALSA DE CREMA

Riesige Steaks sind typisch für diesen Teil des Landes, wo man Rindfleisch im Gegensatz zum restlichen Spanien abhängen läßt. Der Armagnac stammt von der anderen Seite der nahegelegenen französischen Grenze.

FÜR 2 PERSONEN

2 T-bone-Steaks	100 ml Armagnac oder
2 EL Butter	anderer Weinbrand
1 EL Olivenöl	Salz
25 schwarze Pfefferkörner	175 ml Sahne

In einer großen Pfanne Butter und Öl mit den Pfefferkörnern erhitzen. Steaks bei mittlerer Temperatur braten, bis sie gebräunt, innen aber noch roh sind. Das Fleisch erneut wenden und Armagnac oder Weinbrand darübergießen. Etwas vom Herd zurücktreten und den Alkohol zum Flambieren anzünden. Das Fleisch mit dem brennenden Alkohol beschöpfen, bis die Flammen verlöschen. Die Steaks salzen, auf vorgewärmte Portionsteller legen und warm halten. Sahne in die Pfanne gießen und mit einem Holzlöffel rühren, bis sie eingekocht ist. Die Sauce mit den Pfefferkörnern neben den Steaks auf die Teller schöpfen.

Rote-Bohnen-Eintopf „Tolosa"
○
ALUBIAS DE TOLOSA

Tolosa ist bekannt für seine langen Kidney-Bohnen, die schwarz wie Kohle sind. Vor 90 Jahren waren sie jedoch rot. Die Basken lieben seit jeher rote Bohnen, und deshalb werden in diesem Rezept auch rote verwendet! Das traditionelle Gericht enthält rote *chorizo* und schwarze *morcilla* sowie gepökeltes Schweinefleisch. Es eignet sich auch gut als Vorspeise.

FÜR 4 PERSONEN

500 g rote Bohnen, über Nacht eingeweicht
150 g Pökelfleisch am Stück
1 große Zwiebel, feingehackt
2 EL Olivenöl
2 EL gehacktes Schinkenfett oder Olivenöl
2 chorizo-Würste

1 morcilla oder 150 g Blutwurst, vorzugsweise mit Zwiebeln hergestellt
1 große grüne Paprikaschote, Samen entfernt, gehackt
Salz und frisch gemahlener schwarzer Pfeffer
2 Knoblauchzehen, feingehackt

Bohnen abgießen und mit dem gepökelten Schweinefleisch und der Hälfte der gehackten Zwiebel in einen Topf geben. 1 EL Öl dazugießen und die Zutaten wenigstens zwei Finger hoch mit Wasser bedecken. Zum Kochen bringen. Dann die Hitze reduzieren, Deckel auflegen und alles 2 Stunden köcheln lassen, bis das Fleisch weich wird. Darauf achten, daß stets genügend Flüssigkeit im Topf ist. Wenn nötig, in kleinen Mengen weiteres Wasser dazugießen.

In einer Pfanne das Schinkenfett auslassen oder das Öl erhitzen. Die *chorizos* und die *morcilla* oder Blutwurst in Scheiben schneiden (Kunstdarm zuvor entfernen) und zusammen mit der gehackten Paprikaschote braten.

Das Pökelfleisch aus dem Topf nehmen und würfeln. Die Garflüssigkeit sollte nun stark eingekocht sein. Ist dies nicht der Fall, einen Teil weggießen. Das Fleisch zurück zu den Bohnen geben und alles kräftig würzen.

Die restlichen Zwiebeln in der Pfanne, die für die Wurst verwendet wurde, braten und am Ende den Knoblauch dazugeben.

Zwiebeln und Knoblauch in den Bohneneintopf rühren und alles noch 10 Minuten köcheln lassen.

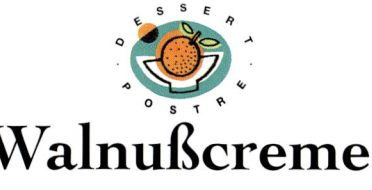

Walnußcreme
○
INTXAURSALSA

Eine gekühlte Walnußcreme, die an Festtagen wie Weihnachten als Nachspeise serviert wird.

FÜR 4 PERSONEN

500 ml Milch
125 g Zucker
1 Streifen Zitronenschale
1/2 Zimtstange
125 g Walnußkerne

1 Scheibe altbackenes Brot, Rinde entfernt, leicht geröstet
100 ml Sahne
gemahlener Zimt

Milch mit Zucker, Zitronenschale und Zimtstange zum Kochen bringen. Walnüsse in der Küchenmaschine mahlen (Gerät nicht zu lange laufen lassen, damit die Nüsse nicht breiig werden). Zur Milch geben und 30 Minuten köcheln lassen. Brot zerkrümeln und ebenfalls hinzufügen. Alles kurz weiterköcheln lassen, dann die Zitronenschale und den Zimt herausnehmen. Mit einem Holzlöffel oder in der Küchenmaschine kräftig durchschlagen, bis die Masse cremig wird. Die Sahne unterrühren.

Abkühlen lassen, dann kalt stellen und gut durchgekühlt reichen. Zum Servieren mit etwas Zimt bestreuen.

KAPITEL 8

Navarra und Aragonien

*Diese Provinzen nehmen einen Großteil der Pyrenäen ein.
Navarra grenzt an das Baskenland und an Rioja und vereint viele
Vorzüge beider Regionen. Hier werden fruchtige Rotweine hergestellt,
und die Küche bietet köstliche Lammfleischgerichte. An den Ufern
des Ebro wächst eine Vielfalt an Gemüsen, z. B. Spargel.
In den Bergen gibt es Waldpilze und Wildgeflügel. Einige Spanier
spotten über die einfache Küche Aragoniens, aber man findet
hier eine Reihe köstlicher Gerichte, und auch die Würste
der Region sind sehr schmackhaft.*

Spargel mit zwei Saucen

○

ESPÁRRAGOS CON DOS SALSAS

In Navarra wird erstklassiger weißer Spargel angebaut und zu Konserven verarbeitet. Für dieses Rezept benötigt man ein Glas oder zwei kleine Dosen Spargel.

FÜR 4 PERSONEN

400 g Spargel aus der Dose oder 16 Stangen frischer, gekochter Spargel

FÜR DIE VINAIGRETTE

125 ml Olivenöl
3 EL Weinessig

Salz und frisch gemahlener schwarzer Pfeffer

FÜR DIE TOMATENSAUCE

1–2 reife Tomaten, abgezogen und entkernt
1 EL gehackte Gemüsezwiebel

Prise scharfer Paprika oder Cayennepfeffer
1 EL gehackte frische Petersilie

Spargel abtropfen lassen und auf einem Teller anrichten. Für die Vinaigrette Öl, Essig und Gewürze verrühren. Für die Tomatensauce das Fruchtfleisch gleichmäßig würfeln. Mit Zwiebeln und Petersilie vermengen und leicht mit Salz und Paprika oder Cayennepfeffer würzen. Zum Servieren die Tomatensauce und den Spargel dekorativ anrichten und Vinaigrette dazureichen. Spargel abwechselnd mit den beiden unterschiedlichen Saucen essen.

Auberginen mit Pilzfüllung

○

BERENJENAS RELLENAS DE HONGOS

Dieses Auberginengericht gehört zu den wenigen Rezepten, bei denen das Fruchtfleisch nicht eingesalzen wird. Die Zubereitung geht daher recht schnell. Es eignet sich sowohl als einfache, leckere Vorspeise wie auch als vegetarisches Hauptgericht.

FÜR 4 PERSONEN ALS VORSPEISE ODER
FÜR 2 PERSONEN ALS HAUPTGERICHT

2 Auberginen, je etwa 350 g	*Salz und frisch gemahlener*
2 kleine Zwiebeln, gehackt	*schwarzer Pfeffer*
2 EL Olivenöl	*Béchamel-Sauce (s. Seite 81)*
3 Knoblauchzehen, gehackt	*50 g Hartkäse, gerieben*
200 g Pilze, darunter nach	
Möglichkeit Wildpilze,	
gesäubert, in Scheiben	

Die Auberginen der Länge nach halbieren und das Fruchtfleisch vorsichtig herauslösen, ohne die Haut zu verletzen. Die ausgehöhlten Auberginenhälften beiseite stellen, das Fruchtfleisch in kleine Stücke hacken.

In einer Bratpfanne die Zwiebeln im Öl braten, bis sie Farbe annehmen. Den Knoblauch und die Pilze dazugeben und garen, bis die Pilze weich werden. Das Auberginenfleisch hinzufügen und unter gelegentlichem Rühren goldgelb braten. Die ausgehöhlten Auberginen sowie die Zutaten in der Pfanne würzen und die gebratene Mischung anschließend in die Auberginen füllen. Den Boden einer flachen ofenfesten Form mit etwas Béchamel-Sauce überziehen. Gefüllte Auberginen hineinlegen; restliche Sauce in die Auberginen schöpfen. Mit Käse bestreuen und 5 Minuten im heißen Grill überbacken. In der Form auftragen.

Pikante Pilze

○

HONGROS O CHAMPIÑONES AL VINO BLANCO

In den Bergen wachsen köstliche Wildpilze, doch dieses Gericht schmeckt selbst mit Kulturpilzen gut. Man reicht dazu geröstetes Brot.

FÜR 4–6 PERSONEN

1 kg Pilze (darunter nach Möglichkeit Steinpilze), geputzt
1 große Zwiebel, feingehackt
4 EL Olivenöl
1 getrocknete guindilla oder ½ Chilischote, Samen entfernt, gehackt, oder Cayennepfeffer nach Geschmack

2 Knoblauchzehen, feinge- hackt
Salz und frisch gemahlener schwarzer Pfeffer
50 ml trockener Weißwein
2 EL Weinbrand
2 EL gehackte Petersilie

In einer großen Schmorpfanne die Zwiebeln im Öl braten. Wenn sie weich sind, den Knoblauch und die *guindilla* oder Chilischote oder Cayennepfeffer dazugeben. Die kleinge- schnittenen Pilze hinzufügen und weichbraten. Würzen und Wein und Weinbrand dazugießen. Die Pilze köcheln lassen, um die Flüssigkeit etwas zu reduzieren, dann mit Petersilie bestreuen und servieren.

Paprikaschoten- und Tomatensalat

○

ASADILLA

Das Rezept heißt „kleine gebratene Gemüse", und der rote Salat, den man daraus zubereitet, wird gerne im Sommer gegessen. Man kann ihn mit Sardellenfilets garnieren und leicht geröstetes Brot dazu reichen.

FÜR 4 PERSONEN

2 große rote Paprikaschoten	*1 EL gehackter frischer*
2 Fleischtomaten	*Majoran*
3 EL Olivenöl	*Salz und frisch gemahlener*
2 Knoblauchzehen, gehackt	*schwarzer Pfeffer*

Die Paprika mit einer Tranchiergabel unmittelbar über die Flamme des Gasherds halten, bis die Haut schwarz ist und Blasen wirft. Haben Sie keinen Gasherd, die Schoten unter den Grill legen und alle 5 Minuten drehen, bis sie rundum angekohlt sind. Die Paprika für 10 Minuten in einen Plastikbeutel legen. Dann auf einem Teller die Haut abziehen. Den austretenden Saft auffangen. Stielansatz und Samen entfernen und wegwerfen. Zwischenzeitlich Tomaten abziehen, vierteln, Samenkerne und Saft in einen Krug füllen. Fruchtfleisch längs in Streifen schneiden und in einer mit Öl gefetteten ofenfesten Form verteilen. Paprikaschoten in Streifen schneiden und dazugeben. Mit Knoblauch und Kräutern bestreuen. Restliches Öl darüberträufeln, salzen und pfeffern. Saft der Tomaten und der Paprika durch ein Sieb streichen, mit in die Form geben und alles durchheben. Für ca. 20 Minuten in den auf höchster Stufe vorgeheizten Backofen schieben, dann abkühlen lassen. Das Gemüse schmeckt köstlich als Salat, kann aber auch püriert und als Sauce zu Huhn oder Fisch gereicht werden.

Gemüsetopf

○

MENESTRA DE VERDURAS

Ein Gericht, das mit zartem Frühlingsgemüse zubereitet wird. In kurze Stücke geschnittener Porree, geviertelter junger Fenchel und frische Artischockenböden (oder ganze junge Artischocken) – alles kommt hinein.

FÜR 3–4 PERSONEN

1 Zwiebel, gehackt
2 EL Olivenöl
5 Knoblauchzehen, feinge-
*   hackt*
100 g durchwachsener tocino
*   oder gewürfelter*
*   Schinkenspeck*
250 g enthülste Erbsen oder
*   dicke Bohnen*
250 g grüne Bohnen, in
*   kurze Stücke geschnitten*
4 kleine Möhren, in Stücken

50 g Zuckerschoten
125 ml trockener Weißwein
300 ml Hühnerbrühe
Salz und frisch gemahlener
*   schwarzer Pfeffer*
6 EL gehackte Petersilie
1 hartgekochtes Ei,
*   geschält, Eigelb und*
*   Eiweiß getrennt*

In einem Schmortopf die Zwiebeln im heißen Öl braten. Wenn sie weich sind, den Knoblauch hinzufügen. In den Mixer oder die Küchenmaschine geben.

Den Schinken oder Speck in den Schmortopf geben und im eigenen Fett braten. Erbsen oder dicke Bohnen, grüne Bohnen und Möhren hinzufügen und die Zuckerschoten darauf verteilen. Den Wein und die Brühe angießen und den Deckel auflegen. Alles etwa 10 Minuten garen, bis die Gemüse weich sind.

Zwiebeln und Knoblauch mit dem Eigelb, 2 EL Petersilie und etwas Garflüssigkeit pürieren. Den Gemüsetopf damit binden und kräftig würzen. Zum Servieren mit der verbliebenen Petersilie und dem gehackten Eiweiß bestreuen.

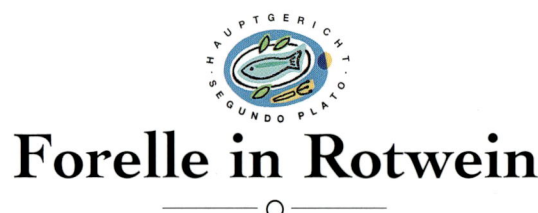

Forelle in Rotwein

○

TRUCHAS A LA NAVARRA

Forellen gibt es in allen spanischen Bergflüssen in großer Zahl. In Navarra herrschen zwei unterschiedliche Meinungen, welches die richtige Zubereitungsart ist. Einige sagen, die Forellen müssen mit gebratenem Schinken oder Speck gefüllt oder angerichtet werden. Andere meinen, die Fische müssen mit Bergkräutern und fruchtigem Rotwein aus Navarra gegart werden, wie hier.

FÜR 4 PERSONEN

2 kleine Forellen, gesäubert	*200 ml Navarra-Rotwein*
1 kleine Zwiebel, gehackt	*oder anderer fruchtiger*
6 schwarze Pfefferkörner,	*Rotwein*
zerstoßen	*2–3 EL Olivenöl*
1 Lorbeerblatt, in Stücken	*Salz*
2 Zweige Thymian	*1/2 EL Butter*
1 Zweig Rosmarin	*1/2 EL Mehl*
4 Stengel Petersilie, zerdrückt	*3 EL gehackte Petersilie*
2 Stengel Minze sowie	*neue Kartoffeln als Beilage*
Minze zum Garnieren	

Die Forellen abwaschen, trockentupfen und in eine ofenfeste Form legen. Mit der gehackten Zwiebel, den Pfefferkörnern, dem Lorbeerblatt, Thymian, Rosmarin, Petersilie und Minze bestreuen. Den Rotwein dazugießen und den Fisch 2 Stunden zum Marinieren stehenlassen. Den Fisch mit dem Öl begießen und mit wenig Salz würzen. Die Form bei 190 °C (Gasherd Stufe 3) in den Backofen stellen. Forellen von 250 g Gewicht 15 Minuten garen, schwerere 20 Minuten.

Garflüssigkeit in einen Topf gießen. Butter und Mehl verkneten und die Garflüssigkeit damit binden. Die Sauce zum Köcheln bringen. Die Forellen mit der heißen Sauce übergießen und mit Petersilie bestreuen. Mit frischer Minze garnieren und gekochte neue Kartoffeln dazu reichen.

Lammfleisch mit Paprikaschoten

◦

CHILINDRÓN DE CORDERO

Lammfleisch aus Navarra ist ebenso bekannt wie dieses Gericht. In alten Rezepten werden getrocknete, gemahlene *choricero*-Paprikaschoten verwendet, aber heute nimmt man frische Paprika. Weder Wein noch Wasser ist erforderlich, damit ein köstliches rotes Püree entsteht.

FÜR 4–6 PERSONEN

1,5 kg Lammschulter, pariert, in Würfeln	*2 große rote Paprikaschoten, im Backofen geröstet, die Haut abgezogen und die Samen entfernt (s. Seite 78), oder pimientos aus der Dose*
2–4 EL Olivenöl	
Salz und frisch gemahlener schwarzer Pfeffer	
2 Zwiebeln, gehackt	
2 Knoblauchzehen, feingehackt	*2 EL feingehackte Petersilie*
4–6 große reife Tomaten, abgezogen und entkernt	*1 Lorbeerblatt*
	eine große Messerspitze Cayennepfeffer

In einem Schmortopf 3 EL Öl erhitzen. Das Lammfleisch würzen und in zwei Partien bei starker Hitze anbraten. Das gebräunte Fleisch aus dem Topf nehmen. Wenn nötig, etwas mehr Öl in die Pfanne gießen und die Zwiebeln braten; dann den Knoblauch dazugeben. Die Tomaten und die Paprikaschoten oder *pimientos* kleinhacken (oder in der Küchenmaschine zerkleinern). Dann zusammen mit Petersilie, Lorbeerblatt und Cayennepfeffer zu den Zwiebeln in den Topf geben. Zutaten einige Minuten garen, so daß sie zu einer Sauce zerkochen. Würzen und das Lammfleisch zurück in den Topf geben.

Deckel auflegen und alles bei niedrigster Hitze 1 Stunde köcheln. Die Sauce abschmecken; dabei besonders auf das richtige Verhältnis von Pfeffer und Cayenne achten – das Gericht soll pikant sein. Möglicherweise muß die Sauce sogar noch etwas reduziert werden.

Huhn in Mandelsauce

◦

POLLO EN PEPITORIA

Dieses arabische Gericht erinnert daran, daß Spanien einmal bis hinauf zu den Pyrenäen von Arabern beherrscht wurde. Die Sauce wird mit gewürzten, gemahlenen Mandeln gebunden.

FÜR 4 PERSONEN

1 Hähnchen (von etwa 1,25 kg) aus Maisfütterung, in Stücke zerlegt	*125 ml Sherry (fino) oder Montilla*
2 Knoblauchzehen, feingehackt	*1 Lorbeerblatt, in Stücke gebrochen*
2–4 EL Olivenöl	*25 Mandeln, geröstet*
1 dicke Scheibe Brot	*1 EL Petersilie, fast zu Mus gehackt*
Salz und frisch gemahlener schwarzer Pfeffer	*eine Messerspitze gemahlener Ingwer*
125 ml Hühnerbrühe	*eine Messerspitze gemahlene Nelken*
0,1 g Safran (10 Fäden, in Brühe eingeweicht)	*1 TL Zitronensaft*

In einer großen Schmorpfanne den Knoblauch kurz in 2 EL Öl braten und anschließend in den Mixer oder einen Mörser geben. Das Brot bei starker Hitze rasch auf beiden Seiten im Öl braten, dann beiseite stellen.

Hühnerteile würzen und rundum goldbraun anbraten (beim Mais-Huhn ist kein zusätzliches Öl nötig). Geflügel aus der Pfanne nehmen und Fett weggießen. Die Pfanne mit Brühe, Safran und Sherry ablöschen und den Bratensatz unter Rühren loskochen. Hühnerteile zurück in die Pfanne legen, Lorbeerblatt zugeben. Bei aufgelegtem Deckel 10 Minuten sanft köcheln. Geröstete Mandeln zum Knoblauch in den Mixer oder Mörser geben und zu einer Paste verarbeiten; nach und nach zerkleinertes Brot, gehackte Petersilie und restliche Gewürze dazugeben. Die aromatische Paste mit Zitronensaft in die Sauce rühren. Sofort servieren.

Seehecht mit jungem grünen Gemüse

○

MERLUZA A LA RIBERENA

In der Gegend von Tudela, dem großen Gemüsegarten Spaniens, wächst an den Ufern des Ebro Spargel und anderes Gemüse. Diese herrlichen Gemüse harmonieren wunderbar mit Fisch. Abwandlungen dieses Rezepts, die auch Meeresfrüchte enthalten, serviert man im Baskenland als Seehecht mit *salsa verde* (grüner Sauce). Wird es jedoch mit Spargel zubereitet, stammt es aus Navarra.

FÜR 4 PERSONEN

4 *Portionen Seehechtfilet,*
   je etwa 150 g
2 *EL Butter*
2 *EL Olivenöl*
1 *Zwiebel, feingehackt*
2 *Knoblauchzehen, feinge-*
   hackt
Salz und frisch gemahlener
   schwarzer Pfeffer

2 *EL Mehl*
12 *kleine Spargelspitzen*
175 *ml trockener Weißwein*
350 *ml Fischfond*
200 *g Erbsen (tiefgefroren*
   oder frisch), gegart
6 *EL gehackte Petersilie*

In einer Schmorpfanne, in der alle Fischstücke genug Platz haben, Butter und Öl erhitzen. Die Zwiebeln dünsten und den Knoblauch dazugeben, sobald sie weich werden. Den Fisch würzen und leicht im Mehl wenden. Die Zwiebeln an den Pfannenrand schieben und die Fischstücke mit der Hautseite nach oben hineinlegen. Den Fisch langsam braten, bis er nach 5–6 Minuten goldbraun ist; zwischendurch einmal wenden.

In der Zwischenzeit die Spargelspitzen je nach Größe 2–5 Minuten in kochendem Wasser garen. Weißwein und Fischfond in die Pfanne gießen und zum Kochen bringen. Die Erbsen hinzufügen und 5 Minuten köcheln lassen. Dann die Petersilie einrühren und abschmecken. Auf Suppentellern anrichten und mit den Spargelspitzen garnieren.

Geschmorte Wachteln mit Weintrauben

○

CODORNICES BRASEADAS CON UVAS

Wachteln und Weintrauben sieht man in der freien Natur zusammen, und so werden sie auch in der Küche miteinander in Verbindung gebracht. Wachteln werden vor dem Garen oftmals in Weinblätter gewickelt. In Spanien leben Wachteln als Wildvögel, und man fängt sie in Netzen. Beim Einkauf möglichst fleischige Exemplare wählen.

FÜR 3–6 PERSONEN

6 *fleischige Wachteln*
6 *Scheiben durchwachsener*
   Speck
3 *EL Butter*
1 *EL Olivenöl*
1 *Gemüsezwiebel, gehackt*
2 *kleine Möhren, in Scheiben*
2 *TL Mehl*
2 *Knoblauchzehen, gehackt*

175 *g kleine Champignons,*
   in Scheiben geschnitten
4 *schwarze Pfefferkörner*
250 *g Muskatellertrauben*
   oder andere helle Trauben
200 *ml trockener Weißwein*
frisch geriebene Muskatnuß
4 *EL spanischer Weinbrand*

Einen Schmortopf wählen, bei dem am Rand noch Platz für das Gemüse ist, wenn die Wachteln darinliegen. Ist der Topf zu groß, benötigt man mehr Flüssigkeit, die später durch Kochen reduziert werden muß. Die Wachteln innen und außen würzen, dann mit Speck umwickeln; dabei an den Schenkeln beginnen, damit diese zusammengehalten werden. Den Speck anschließend quer über die Brust legen und mit zwei Holzspießchen feststecken.

Die Butter und das Öl in dem bereitgestellten Schmortopf erhitzen. Die Wachteln hineinlegen und bei mittelhoher Temperatur braten, bis der Speck rundum knusprig ist. Das Geflügel aus dem Topf nehmen.

Die Zwiebeln in den Topf geben. Wenn sie weich werden, die Möhren dazugeben und das Mehl darüberstreuen. Die Champignons hinzufügen und alles 2–3 Minuten braten. Um die Wachteln in das Gemüse zu betten, den größten Teil des Gemüses vorübergehend aus dem Topf nehmen, das Geflügel hineinlegen und die Zwischenräume

mit dem Gemüse ausfüllen. Wachteln in den auf 190 °C vorgeheizten Backofen schieben und dann die Traubensauce zubereiten.

Die Pfefferkörner und den Knoblauch im Mörser zerstoßen (oder im Mixer oder in der Küchenmaschine zerkleinern). Die Hälfte der Trauben entkernen und zusammen mit etwas Wein untermischen. Diese Mischung rund um die Wachteln gießen, mit Muskat würzen und den restlichen Wein und den Weinbrand dazugeben. Den Deckel auflegen und alles 30 Minuten schmoren. Dann die verbliebenen Trauben dazugeben (sie sollten nach Möglichkeit entkernt sein) und in die Flüssigkeit drücken. Das Ganze noch 5 Minuten ohne Deckel erhitzen. Vor dem Servieren abschmecken.

KAPITEL 9

Katalonien

Neben dem östlichen Teil der Pyrenäen umfaßt Katalonien die Costa Brava und Barcelona, eine Stadt, die seit langem zu den Orten mit der besten Küche Europas zählt. Die Region ist die Heimat des besten spanischen Weißweins, und die Katalanen sind ebenso einfallsreiche Köche wie die Basken. „Meer und Gebirge" (s. Seite 104), Eiercreme mit Karamelkrust, allioli sowie erstklassige Eintopfgerichte mit Fisch und Meeresfrüchten sind nur einige Beispiele ihrer Kochkunst.

Katalanische Muschelsuppe

○

SOPA DE MUSCLOS A LA CATALANA

Dies ist die beste Muschelsuppe der Region. Sie wird mit Anisschnaps verfeinert, der sich jedoch auch durch ein großes Glas trockenen Weißwein ersetzen läßt. Wird auf die letzte Zugabe von Wasser verzichtet, ergibt das Rezept eine gute Muschelsauce oder *tortilla*-Füllung.

FÜR 4 PERSONEN

*1 kg Miesmuscheln
2 EL Olivenöl
1 milde Gemüsezwiebel, gehackt
1 Knoblauchzehe, feingehackt
2 große reife Tomaten, abgezogen, entkernt, gehackt
125 ml Anisschnaps, aguardiente (oder Pernod)*

*Salz und frisch gemahlener schwarzer Pfeffer
eine Messerspitze Cayennepfeffer
Saft von 1/2 Zitrone
2 EL gehackte frische Petersilie
4 Scheiben altbackenes Brot*

Die Muscheln in kaltes Wasser legen und einzeln säubern. Bärte entfernen. Alle Muscheln, deren Schalen beschädigt sind oder die sich beim Daraufklopfen nicht schließen, wegwerfen!

Einen großen Schmortopf nehmen, in den alle Zutaten hineinpassen. Öl erhitzen und die Zwiebeln dünsten. Sobald sie weich werden, Knoblauch dazugeben. Die gehackten Tomaten mit ihrem Saft hinzufügen und zu einer Sauce einkochen. Dann 150 ml Wasser dazugießen.

Die Muscheln in zwei oder drei Partien in den Topf geben und 3–4 Minuten bei aufgelegtem Deckel garen, bis sie sich öffnen. Mit einem Schaumlöffel auf einen Teller heben und von jeder Muschel die obere Schale wegwerfen. Alle Muscheln, die streng riechen oder noch geschlossen sind, wegwerfen. Am Schluß alle Muscheln zurück in den Topf füllen und mit *aguardiente* oder Pernod begießen. Noch etwa 350 ml Wasser hinzufügen und alles sanft köcheln. Mit Salz, Pfeffer, Cayennepfeffer und Zitronensaft abschmecken und die Petersilie dazugeben. Je eine in Stücke gezupfte Scheibe Brot in die Suppenschalen geben und die Muschelsuppe darüberschöpfen.

Kartoffeln in pikanter Tomatensauce

○

PATATAS BRAVAS

Der spanische Rezeptname deutet an, daß der Verzehr dieser Kartoffeln eine gewisse Kühnheit voraussetzt, und in der Tat können sie so scharf sein, daß durchaus Mut dazu gehört, sie zu essen!

FÜR 6 PERSONEN ALS TAPA ODER
FÜR 4 PERSONEN ALS HAUPTGERICHT

550 g Kartoffeln, gewürfelt | *6 EL Olivenöl*

FÜR DIE TOMATENSAUCE

2 EL Olivenöl
1 Gemüsezwiebel, gehackt
2 Knoblauchzehen, gehackt
3 reife Tomaten, abgezogen, oder 600 g Tomaten aus der Dose

4 EL Weißwein oder Sherry
1 guindilla, ½ getrocknete scharfe Chilischote oder eine Messerspitze Cayennepfeffer
1–2 EL Zitronensaft

Mit der Zubereitung der Sauce beginnen. In einer Schmorpfanne, in der genug Platz für die Kartoffeln ist, 2 EL Öl erhitzen und die Zwiebeln langsam garen. Sobald sie weich werden, den Knoblauch dazugeben.

In der Zwischenzeit in einer zweiten Pfanne 6 EL Öl erhitzen und die Kartoffeln bei starker Hitze 5 Minuten anbraten. Dann die Temperatur herunterschalten und die Kartoffeln noch 20 Minuten garen; dabei häufig durchheben, damit sie nicht anbrennen. Für die Sauce die Tomaten, ihren durchgesiebten Saft (oder Dosentomaten), Wein oder Sherry und *guindilla*, Chilischote oder Cayennepfeffer zu den Zwiebeln in die Pfanne geben, langsam einkochen lassen. Abschmecken; Zitronensaft verstärkt die Wirkung der Chili, Cayennepfeffer gibt zusätzliche Schärfe. Kartoffeln zur Sauce geben und Zutaten erhitzen, bis die Sauce eindickt und die Kartoffeln damit überzogen sind. Als *tapa* in Schälchen servieren und mit Cocktail-Spießchen genießen.

Der porrón, ein gläsernes Trinkgefäß aus Katalonien.

Frisée mit dreierlei Fisch

○

XATO

Spanien hat die größte Auswahl an konserviertem Fisch im ganzen Mittelmeerraum. Hier werden drei Sorten für einen grünen Salat verwendet, der mit einem raffinierten Dressing aus gerösteten Haselnüssen und Pfefferschoten angemacht wird. Der Klippfisch sollte ohne Gräten und Haut sein. Er wird so lange eingeweicht, daß noch nicht alles Salz entzogen ist und er geschmacklich zwischen gesalzenem und frischem Fisch liegt.

FÜR 6 PERSONEN

100 g eingeweichter
  Klippfisch (s. Seite 82)
1 Kopf Frisée oder Eskariol
1 Dose (50 g) Sardellen-
  filets, abgetropft
1 EL Olivenöl
1 EL Sherry-Essig

4 EL Romesco-Sauce
  (s. Seite 101)
1 Dose (100 g) Thunfisch,
  abgetropft, zerpflückt
2 Handvoll arbequines
  oder andere kleine grüne
  Oliven

Salatblätter waschen, gut abtrocknen lassen und im Kühlschrank kalt stellen. Den Klippfisch abgießen und gründlich mit Küchenkrepp trockentupfen. Dann mit zwei Gabeln zerpflücken, so daß größere Stücke und kleine Streifen entstehen, die wie Wollfäden aussehen. Die Sardellenfilets diagonal durchschneiden.

Den grünen Salat in einer großen flachen Schüssel verteilen. Das Öl und den Sherry-Essig in die Romesco-Sauce rühren und abschmecken – das Dressing soll recht pikant schmecken. Den Salat damit übergießen und gründlich durchheben.

Zerpflückten Klippfisch und Thunfisch ebenfalls unterheben. Auf einzelnen Tellern anrichten und mit den Sardellenfilets und den Oliven garnieren.

Eine Auswahl spanischer Zutaten.

Fadennudeln mit Meeresfrüchten

○

FIDEOS CON MARISCOS

Ein schlichtes Gericht aus Meeresfrüchten, Gemüsen oder Kräutern und Fadennudeln. Die Katalanen essen seit 500 Jahren Nudeln, und regionaltypisch sind *fideos*, kurze Fadennudeln. Als Meeresfrüchte eignet sich alles, was der Markt bietet, wie zum Beispiel Strandschnek-ken, Herzmuscheln und Wellhornschnecken.

FÜR 4 PERSONEN

500 g frische ungeschälte
*   Garnelen*
1 Fischkopf und Gräten
1 kleine Knolle Fenchel mit
*   Grün*
1 Zwiebel
5–6 Stengel Petersilie
1 Lorbeerblatt
200 ml trockener Wermut
*   oder Weißwein*
2 EL Olivenöl
2 Knoblauchzehen, gehackt
1 große reife Tomate, abge-
*   zogen und entkernt*

Salz und frisch gemahlener
*   schwarzer Pfeffer*
1 1/2 TL Paprika
8 Safranfäden
250 g Venusmuscheln oder
*   kleine Miesmuscheln,*
*   gesäubert (s. Seite 61)*
400 g Fadennudeln
1 TL Anisschnaps oder
*   Pernod*
Zitronenachtel
2–3 EL gehackte frische
*   Petersilie*

Garnelen schälen und Schalen, Fischkopf und Gräten in einen Topf geben. Die gehackten äußeren Fenchelblätter und harten Stengel, 3 Scheiben Zwiebel, Petersilienstengel, Lorbeerblatt und die Hälfte des Wermuts oder Weins zugeben. 1 l Wasser dazugießen und alles 30 Minuten köcheln. Den Fond anschließend durch ein Sieb gießen.

Während der Fond kocht, die restliche Zwiebel kleinhacken und in einer *paella*-Pfanne oder einer Schmorpfanne im Öl weichdünsten. Knoblauch dazugeben. Verbliebenen Fenchel in dünne Streifen schneiden (das Grün aufbewahren) und ungefähr nach der Hälfte der Garzeit zu den Zwiebeln geben.

Die gehackte Tomate hinzufügen und mit Salz, Pfeffer und Paprika würzen. Den Safran mit den Fingern in etwas Fischfond reiben. Restlichen Wein, den zurückgestellten Fischfond und die Safranflüssigkeit dazugießen und zum Kochen bringen. Venus- oder Miesmuscheln hinzufügen. Wenn sie sich öffnen (geschlossene Muscheln wegwerfen!), Nudeln und Garnelen mit in die Pfanne geben. Das Ganze ca. 10 Minuten köcheln; dabei einmal umrühren. Die Nudeln sollen weich sein und die Flüssigkeit leicht andicken. Anisschnaps oder Pernod einrühren, abschmecken; gehackte Petersilie und kleingeschnittenes Fenchelgrün darüberstreuen. Mit Zitronenachteln servieren.

Plattfisch mit Haselnuß-Chili-Sauce

○

GALLO CON SALSA ROMESCO

Gebratener Plattfisch schmeckt köstlich, wenn er saftig und nicht völlig durchgegart ist. Kleine ganze Fische sind am besten, aber Filets lassen sich leichter essen. Die raffinierte Sauce ist weit über Spanien hinaus bekannt.

FÜR 4 PERSONEN

4 kleine Limanden/Rotzungen (je etwa 200–250 g), gesäubert, oder 4 Schollenfilets	*Salz und frisch gemahlener weißer Pfeffer*
	2–4 EL Butter
2–3 EL Mehl	*1–2 EL Olivenöl*

FÜR DIE ROMESCO-SAUCE

25 g abgezogene Mandeln	*1/2 getrocknete Chilischote*
25 g abgezogene Haselnüsse	*oder 1/2 Jalapeño-Chili,*
2 Knoblauchzehen, feingehackt	*Samen entfernt, gehackt,*
	oder eine Messerspitze
4–6 EL Olivenöl	*Cayennepfeffer*
1 Scheibe altbackenes Brot	*Salz und frisch gemahlener*
1 große reife Tomate, abgezogen und entkernt (oder 200 g Dosentomaten)	*schwarzer Pfeffer*
	2 TL Rotweinessig
	4 EL Sherry (fino)

Für die Sauce zunächst die Mandeln und Haselnüsse etwa 20 Minuten bei 160 °C (Gasherd Stufe 1–2) im Backofen goldbraun rösten. In 4 EL Öl den Knoblauch und anschließend das Brot braten. Herausnehmen und zurückstellen. Gehackte Tomaten mit der Chilischote oder Cayennepfeffer in den Topf geben und unter Rühren garen, bis die Sauce eindickt. Mit Salz und frisch gemahlenem schwarzem Pfeffer würzen.

Die Mandeln und Nüsse im Mixer mahlen. Brot, Knoblauch, Essig und Sherry dazugeben; alles pürieren. Die pürierten Zutaten in die Tomatensauce rühren. Abschmecken.

Falls gewünscht, die Sauce – mit etwas zusätzlichem Öl – erneut im Mixer durchrühren, so daß eine rosarote „Mayonnaise" entsteht, die sich gut als Dressing eignet.

Nach Belieben die dunkle Haut von den Plattfischen abziehen. Die Fische in gewürztem Mehl wenden. In einer Bratpfanne (oder in zwei Pfannen, wenn alle Fische gleichzeitig fertig sein sollen) 2 EL Butter und 1 EL Öl erhitzen. Wenn das Fett sehr heiß ist, den Fisch hineinlegen. Ganze Fische 3–4 Minuten auf der ersten Seite und 2 Minuten auf der zweiten Seite braten, Filets etwa 2 Minuten auf jeder Seite. Auf vorgewärmten Tellern servieren und die Sauce getrennt dazu reichen.

Fischtopf mit Knoblauchsauce

○

SUQUET DE PESCADO CON ALLIOLI

Ein erstklassiger Fischtopf aus Empordà, der die Aromen des Mittelmeeres in sich vereint. Garnelen und Tintenfisch werden häufig hinzugefügt, wenn man den Fischtopf für eine Party kocht und die Anzahl der Portionen auf einfache Weise erhöhen möchte. Sind nur gegarte Garnelen erhältlich, legt man sie zum Erhitzen oben auf den Fisch. In Katalonien verfeinert man Saucen gerne mit einer Paste, die geröstete Nüsse enthält. Es ist eine einfache Methode, Safran zuzufügen und dient gleichzeitig zum Binden der Flüssigkeit. Sofern vorhanden, kommt die Fischleber ebenfalls dazu. Hier wird der Fischtopf mit allioli gereicht, einer der großartigen Saucen Europas, die ursprünglich von der Küste Kataloniens stammt.

FÜR 6 PERSONEN

1 kg Fisch (eßbarer Anteil), darunter festfleischiger Fisch (Seeteufel, Meeraal), Fisch mit blättrigem Fleisch (wie Kabeljau, Knurrhahn) und ganze Fische (Meerbarbe, Schnapper, Scholle)
2 EL Olivenöl
1 Gemüsezwiebel, feingehackt
2 Knoblauchzehen, feingehackt
2 Fleischtomaten, abgezogen, entkernt und gehackt, oder 1 Dose (400 g) Tomaten
6 EL gehackte frische Petersilie
125 ml trockener Weißwein
Salz und frisch gemahlener schwarzer Pfeffer
750 g neue Kartoffeln
1 Lorbeerblatt
ca. 200 ml Fischfond oder Wasser
100 g frische, ungeschälte Garnelen

FÜR DIE PICADA

einige Safranfäden	*eine Prise Cayennepfeffer*
50 g Mandeln, geröstet	*50 ml trockener Weißwein*
2 TL Paprika (edelsüß)	*2 EL Semmelbrösel*

FÜR DIE ALLIOLI

4 Knoblauchzehen, feinge-	*1 kleines Eigelb*
hackt	*175 ml Olivenöl, vorzugs-*
1/2 TL Salz	*weise aus Spanien*
2 TL Zitronensaft	

In einem Schmortopf, in den alle Zutaten hineinpassen, das Öl erhitzen. Die Zwiebeln weichgaren. Den Knoblauch, die gehackten Tomaten und 3 EL Petersilie hinzufügen. Die Hälfte des Weins dazugießen, würzen und alles 5 Minuten garen. Dann die in dünne Scheiben geschnittenen Kartoffeln sowie das Lorbeerblatt hinzufügen. Soviel Fischfond oder Wasser dazugießen, daß die Zutaten gut bedeckt sind. Kräftig würzen und 15 Minuten köcheln lassen, bis die Kartoffeln fast gar sind.

Den Fisch in gleichmäßig große Stücke schneiden und mit in den Topf geben. Den restlichen Wein angießen, damit alles mit Flüssigkeit bedeckt ist. Den Deckel auflegen und das Ganze 10 Minuten köcheln lassen.

In der Zwischenzeit die Zutaten für die *picada* in einem Mörser oder einer elektrischen Kräutermühle zu einer Paste verarbeiten. Dazu zunächst nur Safran, Mandeln, Paprika und Cayennepfeffer hineingeben. Die fertige Paste sofort in die Garflüssigkeit im Topf rühren und anschließend die Semmelbrösel und die restliche Petersilie hinzufügen.

Für die *allioli*-Sauce den Knoblauch mit einer Prise Salz im Mörser zerreiben (oder mit der flachen Seite einer Messerklinge auf einem Brett zerdrücken) und zu einer glatten Paste verarbeiten.

Die Knoblauchpaste in einer Schüssel mit dem Eigelb und dem Zitronensaft verrühren. Tropfenweise das Öl unterschlagen, bis die Flüssigkeit emulgiert und eine aromatische, goldgelbe, ölige, Sauce entsteht.

2 EL *allioli* in eine Schüssel geben, eine Kelle Fischfond unterrühren und alles zurück in den Topf gießen. Die restliche *allioli*-Sauce getrennt reichen.

Anmerkung: Einkauf und Zubereitung von Fisch für Eintopfgerichte, s. Seite 66.

Ein Katalane trinkt aus einem porrón .

103

Schweinefleisch mit Muscheln

○

PORC AMB MUSCLOS

Eines von mehreren Gerichten, die man *mar i muntanya*, „Meer und Gebirge", nennt. Ursprünglich war es das Ziel solcher Rezepte, kleine Zutatenmengen so zu strecken, daß man ein Essen für mehrere Personen erhielt. Später wurden einfache Rezepte wie dieses üppiger, mit Kombinationen wie Huhn und Languste.

FÜR 8 PERSONEN

800 g mageres Schweine-
 fleisch, gewürfelt
Salz und frisch gemahlener
 schwarzer Pfeffer
2 EL Schweineschmalz
2 EL Olivenöl
700 g Zwiebeln, gehackt
6 Knoblauchzehen, feinge-
 hackt
1 Dose (800 g) Tomaten
1 EL Paprika
1/2 getrocknete Chilischote,
 Samen entfernt, gehackt,

oder eine Messerspitze
 Cayennepfeffer
2 Lorbeerblätter
1 Streifen getrocknete
 Orangenschale oder
 2 Streifen frische
 Orangenschale
1,5 kg Miesmuscheln,
 gesäubert (s. Seite 61)
200 ml trockener Weißwein
6 EL gehackte frische
 Petersilie

Das Schmalz in einer großen Schmorpfanne erhitzen. Das Schweinefleisch kräftig würzen und rundum goldbraun anbraten. Angebratenes Fleisch aus der Pfanne nehmen.

Das Öl in die Pfanne gießen und die Zwiebeln weichdünsten. Den Knoblauch, die Tomaten, den Paprika, die Chilischote oder den Cayennepfeffer, die Lorbeerblätter und die Orangenschale hinzufügen; die Tomaten mit einem Löffel in Stücke zerteilen. Alles 20 Minuten garen, bis die Flüssigkeit eingekocht ist.

In der Zwischenzeit in einem großen Topf den Wein mit 2 EL Petersilie erhitzen. Die Hälfte der Muscheln dazugeben. Den Deckel fest auflegen und die Meeresfrüchte

4 Minuten dämpfen. Den Topf gelegentlich durchschütteln, falls die Muscheln übereinanderliegen. Die erste Partie aus dem Topf nehmen und dann die restlichen Muscheln dämpfen.

Die oberen Schalenhälften entfernen. Alle Muscheln, die streng riechen oder noch geschlossen sind, müssen Sie unbedingt wegwerfen!

Das Schweinefleisch und die Garflüssigkeit der Muscheln zur Sauce geben und alles 30 Minuten köcheln lassen, bis das Fleisch weich und die Sauce eingekocht ist. Abschmecken, die Muscheln hinzufügen und erhitzen. Mit Petersilie bestreuen und servieren.

Katalanisches Rinderragout mit Schokolade

○

ESTOFAT DE BOU A LA CATALANA

Schokolade verwendet man in Spanien als Saucenbräuner. Die Sauce erhält durch die Schokolade eine kräftige, dunkle Farbe, wird aber keineswegs süß. Beide Spirituosen können hier durch Rotwein ersetzt werden.

FÜR 6 PERSONEN

1 kg Rindfleisch zum Schmoren, in fingerdicke Streifen geschnitten
2 EL Schweineschmalz
150 g tocino, pancetta oder geräucherter Frühstücksspeck, gewürfelt
1 Gemüsezwiebel, gehackt
1 Möhre, in Stücken
1 Knolle Knoblauch, Zehen geschält
2 EL Mehl
2 EL Olivenöl
Salz und frisch gemahlener schwarzer Pfeffer

250 ml vi rancio oder trockener oloroso-Sherry
2 Tomaten, abgezogen, entkernt und gehackt
12 schwarze Pfefferkörner, zerstoßen
100 ml aguardiente, Marc oder Weinbrand
300 ml Fleischbrühe
500 g frische Perlzwiebeln
500 g neue Kartoffeln
25 g dunkle Schokolade, gerieben
3 EL gehackte Petersilie

FÜR DAS BOUQUET GARNI

1 Lorbeerblatt
3 Zweige Thymian
4 Stengel Petersilie, zerdrückt
1 Stange Zimt

1 Streifen trockene Orangenschale oder 2 Streifen frische Orangenschale

In einer Bratpfanne 1 EL Schweineschmalz erhitzen und den *tocino*, die *pancetta* oder den geräucherten Speck braten. Sobald etwas Fett ausgebraten ist, die Zwiebeln, die Möhre und die Knoblauchzehen in die Pfanne geben. Wenn die Zwiebeln weich werden, das Mehl darüberstäuben und kurz rösten. Während der Speck und die Zwiebeln gebraten werden, das Olivenöl in einem großen Schmortopf erhitzen. Das Rindfleisch in kleinen Portionen bei hoher Temperatur anbraten. Wenn eine Partie rundum gebräunt ist, das Fleisch an den Pfannenrand schieben und die nächste Partie zugeben. Das angebratene Fleisch kräftig würzen. Mit *vi rancio* oder Sherry ablöschen und den Bratensatz losschaben. Die Zwiebel-Speck-Mischung und die Tomaten mit in den Schmortopf geben. Lorbeerblatt, Thymian, Petersilienstengel, Zimtstange und Orangenschale mit Küchengarn zu einem *bouquet garni* binden und am Topfrand nach unten schieben. Pfefferkörner, Schnaps und soviel Brühe hinzufügen, daß die Zutaten bedeckt ist. Langsam zum Kochen bringen. Den Deckel auflegen und 1 Stunde köcheln lassen. Die ungeschälten Perlzwiebeln 5 Minuten in kochendem Wasser blanchieren. Abgießen, unter fließendem Wasser abschrecken und schälen (die einfachste Methode). Die Kartoffeln 15 Minuten kochen, dann zusammen mit der Schokolade in den Schmortopf geben und alles noch 45 Minuten köcheln. Prüfen, ob genug Flüssigkeit im Topf ist und abschmekken. Bouquet garni wegwerfen. Das Ragout vor dem Servieren mit Petersilie bestreuen.

Crème-Brûlée-Eis

GELAT DE CREMA DE CATALANA

Eiercremes sind ein fester Bestandteil der Küche aller spanischen Regionen. Die beste, *crème brûlée*, könnte in Katalonien erfunden worden sein. Dort wird sie als flacher Pudding mit einer Karamelkruste serviert. Für die Karamelkruste benutzen die Katalanen eine *quemadora*, ein rotglühendes Eisen; in Restaurants wird der Pudding unter einen großen Grill geschoben. Ohne diese Hilfsmittel ist die Zubereitung schwierig. Einfacher läßt sich diese Eiscreme herstellen.

FÜR 6 PERSONEN

500 ml Milch	*4 Eigelb*
3 Streifen Zitronenschale	*1 TL Maisstärke*
1 Stange Zimt	*4 EL Demerara-Zucker*
125 g Zucker	*2 EL Wasser*

Eigelb und Maisstärke in einer feuerfesten Schüssel kräftig mit einem Holzlöffel verrühren. Die Schüssel über einen Topf mit köchelndem Wasser setzen. Die heiße Milch durch ein Sieb zur Eigelbmasse in die Schüssel gießen. Unter ständigem Rühren erhitzen, bis die Eiercreme eindickt und einen Löffelrücken überzieht. In eine kleine Kastenform gießen, abkühlen lassen und dann für 2 Stunden in das Gefriergerät stellen. Ohne spezielles Zubehör läßt sich Karamel meines Erachtens am besten in einem kleinen Topf kochen. Den Demerara-Zucker dazu mit dem Wasser erhitzen, bis er angenehm nach Karamel duftet. Dann sofort auf ein Stück Alufolie gießen, das auf einem Brett liegt. Den Karamel, wenn er hart geworden ist, von der Folie abziehen und im Mixer oder in der Küchenmaschine zerkleinern (die Stücke brauchen nicht gleichmäßig zu sein). Die Eiercreme aus dem Gefriergerät nehmen und kräftig mit einer Gabel durchschlagen. 3 EL Karamelstücke unterrühren und die Eiercreme zurück in das Gefriergerät stellen, bis sie fest ist. Vor dem Servieren 30 Minuten im Kühlschrank antauen lassen und dann mit dem restlichen Karamel bestreuen.

Die Miró-Ausstellung in Barcelona.

KAPITEL 10

Die Levante

*Die Levante nimmt den größten Teil der Ostküste ein: Valencia,
Alicante, mit seinen Dattelpalmen und dem afrikanischen Klima, und
Murcia, das bis ins 17. Jahrhundert unter arabischer Herrschaft stand.
In der Region gibt es viele bekannte Badestrände. Valencia ist weltweit
für seine Orangen und Reisfelder bekannt. Die* paella *wurde hier
vor knapp 200 Jahren erfunden, und es gibt noch eine Vielzahl anderer
Reisgerichte aus dieser Region. Weitere Spezialitäten sind Beignets
und* turrón, *eine Art Mandelnougat.*

Teigtaschen mit Thunfisch-Tomaten-Füllung

○

EMPANADILLAS VALENCIANAS

Diese leckeren Teigpastetchen werden an Straßenständen angeboten und deshalb mit Thunfisch aus der Dose zubereitet.

FÜR 4–6 PERSONEN

FÜR DEN PASTETENTEIG

2 EL Sonnenblumenöl	*4 EL Wasser*
2 EL Schweineschmalz oder Butter	*175 g Mehl*
2 EL Sherry (fino) oder Montilla	*1/4 TL Salz*

FÜR DIE FÜLLUNG

1/2 kleine Zwiebel, feingehackt	*1 Dose (100 g) Thunfisch, abgetropft, oder 100 g Schinken, gewürfelt*
2 EL Olivenöl	*1 hartgekochtes Ei, geschält und gehackt*
1 Knoblauchzehe, feingehackt	*2 EL gehackte frische Petersilie*
2 reife Tomaten, abgezogen, entkernt und gehackt	*Öl zum Fritieren*
Schale von 1/2 Zitrone	*Petersilienstengel*
1 EL Zitronensaft	
eine Messerspitze scharfer Paprika oder etwas Cayennepfeffer	

Für den Pastetenteig Schmalz oder die Butter in einem kleinen Topf zerlassen. Vom Herd nehmen und Sherry und das Wasser dazugießen. Nach und nach das Mehl mit dem Salz einarbeiten, so daß ein glatter Teig entsteht. Den Teig aus dem Topf nehmen und kurz durchkneten. In einem Gefrierbeutel für 2 Stunden in den Kühlschrank legen.

In der Zwischenzeit die Füllung zubereiten – alle Zutaten sollen gleichmäßig in kleine Würfel geschnitten sein. Die Zwiebeln im Öl dünsten und nach der Hälfte der Garzeit den Knoblauch dazugeben. Die gehackten Tomaten, die Zitronenschale und den Zitronensaft hinzufügen. Mit Paprika oder Cayennepfeffer würzen und alles 3–4 Minuten garen. Den zerpflückten Thunfisch, das gehackte Ei und die Petersilie unterrühren. Abkühlen lassen.

Den Teig auf der bemehlten Arbeitsfläche dünn ausrollen. Mit großem Glas oder Keksausstecher von 7,5 cm Durchmesser 26 bis 30 Teigscheiben ausstechen. Je einen gehäuften Teelöffel der Füllung daraufsetzen, Teigtaschen zu Halbkreisen zusammenklappen und die Ränder zusammendrücken. Pasteten auf ein bemehltes Backblech legen.

Das Öl in der Friteuse erhitzen. Je 5–6 Teigtaschen fritieren. Schwimmen die Teigtaschen oben, mit einem Schaumlöffel umdrehen und 2–3 Minuten goldbraun fritieren. Auf Küchenkrepp abtropfen lassen. Heiß servieren. Um den Fettgeruch zu binden, zum Schluß einige Stengel Petersilie in das Fritierfett geben.

Artischocken-Beignets mit Tomatensauce

BUÑUELOS DE ALCACHOFAS CON SALSA DE TOMATE

Beignets sind sehr beliebt und ein Erbe der arabischen Küche. Sie können mit Zitrone serviert werden oder mit Tomatensauce, die mit *sofrito* (in Öl gedünsteten Zwiebeln mit Knoblauch und Petersilie) zubereitet wird. Die Beignets werden hier aus frischen Artischocken zubereitet; man kann auch 400 g Artischockenböden nehmen.

FÜR 4 PERSONEN

8 mittelgroße Artischocken	*1 TL Backpulver*
5 EL Mehl	*150 ml Bier*
Salz und frisch gemahlener schwarzer Pfeffer	*Olivenöl zum Fritieren*

FÜR DIE TOMATENSAUCE

1 Gemüsezwiebel, gehackt	*2–3 große Tomaten, abgezogen, entkernt, gehackt*
2 EL Olivenöl	
1 Knoblauchzehe, gehackt	*1 TL abgeriebene Zitronenschale*
2 EL gehackte Petersilie	

Um die Artischockenböden vorzubereiten, die Stiele von den Artischocken abbrechen (wenn sie Fäden ziehen, sind sie hart und müssen später 5 Minuten länger gegart werden). Den Boden geradeschneiden und die Artischockenblätter direkt oberhalb des Heus abtrennen, so daß der Artischockenboden noch etwa 3 cm hoch ist. Die Seitenblätter mit einem kleinen Messer entfernen, so daß die weißen Blattbasen sichtbar werden. Die Artischockenböden 12 Minuten in kochendem Salzwasser garen, dann umgedreht abkühlen lassen, bis man sie in die Hand nehmen kann. Alle Blattansätze mit dem Daumennagel entfernen, damit das Heu zum Vorschein kommt. Das Heu herausschaben, so daß ein glatter Artischockenboden zurückbleibt. Als nächstes die Tomatensauce zubereiten. In einem Topf die Zwiebeln im Öl dünsten, dann Knoblauch, die gehackten Tomaten mit ihrem Saft und 2 EL Petersilie dazugeben. Langsam zu einer Sauce einkochen lassen. Die Sauce abschmecken und die Zitronenschale einrühren.

Dann den Teig zubereiten. Mehl, Backpulver, Gewürze und Bier verrühren. In eine hohe Pfanne 2,5 cm hoch Öl füllen und erhitzen. Die Artischockenböden halbieren, in den Teig tauchen und in zwei oder drei Partien im heißen Öl ausbacken. Mit einem Schaumlöffel herumdrehen und voneinander lösen. Die gebräunten Artischockenböden kurz auf Küchenkrepp abtropfen lassen und dann sofort mit Tomatensauce servieren.

Gefüllte Paprikaschoten

BAJOQUES FARCIDES

Der Name ist Valencianer Dialekt und bedeutet „mit Reis gefüllte Paprikaschoten" – ein Gericht, das man weltweit kennt. Diese Version stammt aus Alcoy.

FÜR 6 PERSONEN

6 große rote Paprikaschoten	*1 kg reife Tomaten, abgezogen, entkernt, oder 1 Dose (800 g) Tomaten*
3–4 EL Olivenöl	
1 große Hühnerbrust, in Würfel geschnitten	
	2 TL Paprika
150 g mageres Schweinefleisch, gewürfelt	*0,1 g gemahlener Safran*
	Salz und frisch gemahlener schwarzer Pfeffer
100 g Schinken oder geräucherter Frühstücksspeck, in Würfel geschnitten	
	6 EL gehackte frische Petersilie und/oder Frühlingszwiebelgrün
200 g weißer Reis	
2 Knoblauchzehen, feingehackt	

Das Öl in einer Bratpfanne erhitzen und das gewürzte Hühnerfleisch, das Schweinefleisch und die Schinken- oder Speckwürfel braten, bis alles gut gebräunt ist. Die Pfanne von der Kochstelle nehmen.

In der Zwischenzeit den Reis etwa 15 Minuten in kochendem Salzwasser garen (*paella*-Reis zuvor waschen). Den Knoblauch, die gehackten Tomaten (die abgezogene Haut aufbewahren), Paprika, Safran, Salz, Pfeffer und Petersilie und/oder Frühlingszwiebelgrün zum Fleisch in die Pfanne geben. Die Zutaten köcheln lassen, bis die Flüssigkeit ungefähr auf die Hälfte reduziert ist. Von den Paprikaschoten am Stielende je einen „Deckel" abschneiden und die Samen wegwerfen.

Einen hohen Schmortopf (vorzugsweise aus Steingut), in dem alle Paprikaschoten Platz haben, mit Öl einfetten. Falls vorhanden, die zurückgestellte Tomatenhaut auf dem Topfboden verteilen. Reis abschmecken, in die Paprikaschoten füllen und die Deckel daraufsetzen. Schmortopf mit Alufolie abdecken (ursprünglich einem Stück angefeuchtetem Packpapier) und den Deckel auflegen. Bei 170 °C (Gasherd Stufe 2) 75 Minuten in den Ofen schieben.

Geschmorte Zucchini mit Zwiebeln

○

ZARANGALLO

Hier ein Traditionsgericht. Nach der Entdeckung Amerikas wurde es um Paprikaschoten und Tomaten erweitert, und es entstanden *pisto* und *ratatouille*. Die Zwiebeln werden in Öl gedünstet, dann gart das Gemüse im eigenen Saft. Evtl. werden verschlagene Eier eingerührt.

FÜR 4 PERSONEN

1 kg Zucchini, geschält, in dünnen Scheiben
50 ml Olivenöl
1 Zwiebel, in feinen Streifen
2 Knoblauchzehen, feinge-hackt

Salz und frisch gemahlener schwarzer Pfeffer
1/2 EL gehackter frischer Oregano
Röstbrot zum Servieren

Das Öl in einen schweren Topf gießen und die Zwiebeln dazugeben. Etwa 10 Minuten sehr langsam garen. Wenn die Zwiebeln weich werden, den Knoblauch hinzufügen. Dann die Zucchini dazugeben und mit Salz und Pfeffer würzen. Einige Minuten unter behutsamem Rühren garen. Dann mit Folie abdecken, den Deckel auflegen und das Gemüse bei niedriger Temperatur 30 Minuten schmoren.

Die Zucchini mit einem Holzlöffel in Stücke teilen, den Oregano dazugeben, den Topf wieder verschließen und das Gemüse weitere 30 Minuten garen, bis es weich ist. Während der letzten 10 Minuten den Deckel abnehmen, damit ein Teil der Flüssigkeit verdampft. Mit geröstetem Brot servieren.

Meeräsche mit Safran und Kartoffeln

○

LISA EN AMARILLO CON PATATAS

Ein eindrucksvolles Gericht aus einem ganzen Fisch mit Flossen aus Zitronenstreifen und goldgelben Kartoffeln. Meeräsche eignet sich ideal, aber auch teurerer Zackenbarsch läßt sich gut so zubereiten. Kurz vor dem Servieren bindet man die Sauce mit *picada*, einer typischen Mischung aus Knoblauch, Semmelbröseln, Petersilie und Ei.

FÜR 4 PERSONEN

1 Meeräsche (etwa 800 g), gesäubert
Salz und frisch gemahlener schwarzer Pfeffer
1 1/2 Zitronen
2–3 EL Olivenöl
1 Gemüsezwiebel, gehackt
1 Knoblauchzehe, feinge-hackt
2 große reife Tomaten, abgezogen, entkernt und gehackt

200 ml trockener Weißwein oder trockener Wermut
200 ml Fischfond
0,2 g gemahlener Safran
350 g Kartoffeln, in Würfel geschnitten
4 EL gehackte frische Petersilie
1 Lorbeerblatt

ZUM BESTREUEN

4 EL Semmelbrösel
1 EL Olivenöl
2 Knoblauchzehen, feinge-hackt

2 EL gehackte Petersilie
1–2 hartgekochte Eier, geschält und gehackt

Die Fischflossen mit einer Schere abschneiden. Zum Entschuppen des Fischs mit dem Rücken eines Messers oder dem Daumen vom Schwanzende zum Kopf hin über die Haut fahren. Den Fisch unter fließend kaltem Wasser gründlich abwaschen. Dann auf jeder Seite dreimal schräg einschneiden. Diese Einschnitte und die Bauchhöhle mit Salz und Pfeffer würzen. Die ganze Zitrone in 6 keilförmige Stücke schneiden und diese in die Einschnitte stecken, so daß nur die Schale zu sehen ist. Den Fisch auf einen Teller legen und den Saft der verbliebenen halben Zitrone in die Bauchhöhle geben. Backofen auf 200 °C (Gasherd Stufe 3–4) vorheizen. Eine 36 cm lange ofenfeste Form mit Olivenöl einfetten und zum Anwärmen in den Backofen stellen.

Die Zwiebeln in 2 EL Öl braten und den Knoblauch hinzufügen, wenn sie weich werden. Den Fisch in die Form heben und Zwiebeln und gehackte Tomate um ihn herum verteilen. Kräftig würzen und für 10 Minuten in den Backofen schieben. Wein oder Wermut mit der Brühe in einem Topf erhitzen und die Kartoffeln 5 Minuten darin garen. Den Safran in einer Tasse mit etwas heißer Brühe anrühren. Kartoffeln rund um den Fisch verteilen, mit Petersilie bestreuen, Brühe und den Safran dazugießen und das Lorbeerblatt zugeben. Die Form für etwa 25 Minuten in den Ofen stellen, bis die Kartoffeln gar sind. Die Semmelbrösel in der Pfanne in 1 EL Öl wenden, bis sie das Öl aufgenommen haben. Pfanne vom Herd nehmen. Knoblauch, Petersilie und hartgekochte Eier mit den Bröseln mischen und alles leicht würzen. 10 Minuten bevor der Fisch fertig ist, die Semmelbröselmischung darüberstreuen. Zum Servieren zwei Portionen aus dem oberen Filet schneiden, den Fisch umdrehen und mit dem zweiten Fischfilet ebenso verfahren. Zum Essen die Kartoffeln in der Garflüssigkeit zerdrücken und das Ganze mit Brot auftunken.

Gemischter Gemüsesalat aus Murcia

○

ENSALADA MURCIANA

Traditionell wird das Gemüse im Sommer über offenem Feuer gegart, angemacht und später kalt als Salat serviert. Diese Methode ist auch in Katalonien verbreitet, wo das Gericht *escalivada* heißt. Hier werden die Gemüse im Backofen gegart, und sie ergeben ein gutes vegetarisches Hauptgericht. Man kann auch andere Gemüse verwenden, muß dann aber die Garzeiten ändern.

FÜR 8 PERSONEN ALS BEILAGE ODER
FÜR 4 PERSONEN ALS HAUPTGERICHT

*3 kleine Auberginen
(je etwa 200 g)*
3 grüne Paprikaschoten
*4 mittelgroße Zwiebeln,
dunkle Haut abgezogen*
4 große Tomaten
*1 Bund Frühlingsknoblauch
oder dicke Frühlingszwie-
beln, ohne Spitzen*

170 ml Olivenöl
*3 Knoblauchzehen, zer-
drückt*
Saft von 1 Zitrone
*Salz und frisch gemahlener
schwarzer Pfeffer*
*3 EL gehackte frische
Petersilie*

114

Den Backofen auf 200 °C (Gasherd Stufe 3–4) vorheizen. Die Auberginen, Paprikaschoten, Zwiebeln, Tomaten und Frühlingszwiebeln mit dem Öl und den Knoblauchzehen in die Fettpfanne des Backofens geben. 125 ml Wasser dazugießen, damit das Gemüse nicht anbrennt.

Das Gemüse für 25 Minuten in den Backofen schieben, dann die Tomaten herausnehmen. Nach weiteren 15 Minuten die Paprikaschoten herausnehmen. Bei den anderen Gemüsen beim Daraufdrücken prüfen, welchen Gargrad sie erreicht haben. Dann die Paprikaschoten in einen Gefrierbeutel legen, weil sich die Haut dann später besser abziehen läßt.

Die Auberginen brauchen vermutlich weitere 15 Minuten, und die Zwiebeln müssen gewöhnlich zusätzlich noch 15 Minuten länger gegart werden. Die Flüssigkeit, die sich in der Fettpfanne angesammelt hat, durchrühren und in einen Becher gießen. Die Knoblauchzehen wegwerfen.

Die Tomaten abziehen, in die Mitte einer großen Platte legen und dann sternförmig durchschneiden. Das restliche Gemüse ebenfalls schälen, dann der Länge nach in Streifen schneiden und den Saft auffangen. Die verschiedenen Gemüse dekorativ auf der Platte anrichten. Die Auberginen so hinlegen, daß ihre exotisch anmutenden Samenkerne zu sehen sind.

Den Gemüsesalat mit Zitronensaft beträufeln und mit Salz und Pfeffer würzen. Die zurückgestellte Gemüseflüssigkeit durchrühren und etwas davon auf die Tomaten und den Salat gießen. Mit Petersilie bestreuen und servieren.

Reis mit Fisch und Gemüse

○

ARRÒS AMB BONITAL

Dieses einfache und farbenfrohe Gericht ist charakteristisch für Alicante. Es wird mit Weißem Thunfisch zubereitet, doch läßt sich auch anderer Fisch mit festem weißem Fleisch verwenden und Artischockenböden oder frische Erbsen statt Blumenkohl.

FÜR 6 PERSONEN

500–550 g küchenfertiger Weißer Thunfisch (bonito) oder Seeteufel
1 Fischkopf für den Fond, abgespült
Salz und frisch gemahlener schwarzer Pfeffer
6 EL Olivenöl
2 Knoblauchzehen
1 grüne Paprikaschote, Samen entfernt
1 rote Paprikaschote, Samen entfernt
150 g Blumenkohl, in kleine Röschen zerteilt
1 Bund grüner Frühlingsknoblauch oder dicke Frühlingszwiebeln, gehackt
1 große reife Tomate, abgezogen, entkernt und gehackt
1 TL Tomatenmark
einige Safranfäden
2 TL Paprika
eine kleine Messerspitze Cayennepfeffer
1/2 Tasse paella- oder risotto-Reis, in einem Sieb unter fließendem Wasser abgespült

Für den Fischfond den Fischkopf 10 Minuten in knapp 2,5 l gesalzenem Wasser kochen. Währenddessen in einer paella-Pfanne von 30 cm Durchmesser oder einer anderen hohen Pfanne das Öl erhitzen und die beiden ganzen Knoblauchzehen 15 Sekunden braten und anschließend in einen Mörser geben.

Im gleichen Öl den in Streifen geschnittenen und mit Salz und Pfeffer gewürzten Fisch braten und anschließend aus der Pfanne nehmen. Die Paprikaschoten in Streifen schneiden und mit dem Blumenkohl und dem Frühlingsknoblauch oder den Frühlingszwiebeln in die Pfanne geben. Einige Minuten erhitzen, dann die gehackte Tomate dazugeben, und alles noch einige Minuten weitergaren. Die Hälfte des Fischfonds und das gesamte Tomatenmark hinzufügen und das Gemüse 5 Minuten köcheln.

In der Zwischenzeit die Knoblauchzehen mit Safran zerreiben und mit dem Paprika und Cayennepfeffer verrühren. Die aromatische Paste, den Reis und den verbliebenen Fischfond mit in die Pfanne geben und alles 10 Minuten köcheln.

Die Zutaten durchrühren und die Fischstücke behutsam unterheben. Alles noch 8–10 Minuten garen, bis der Reis weich ist. Abschmecken und nach Belieben mit etwas kleingeschnittenem Frühlingszwiebelgrün bestreuen.

Safranreis mit Huhn und Meeresfrüchten

○

PAELLA VALENCIANA

Diese bekannte Spezialität aus Valencia wird traditionell im Freien gekocht. Die Zubereitung dauert den ganzen Vormittag. Die Zutaten sind recht speziell. Ursprünglich gehörten Schnecken dazu, und noch heute nimmt man in Valencia drei Sorten Bohnen. Dieses Rezept ist etwas bescheidener, doch benötigt man in jedem Fall einen guten Fischfond und eine geeignete *paella*-Pfanne von 32 bis 35 cm Durchmesser. Die Zubereitung geht schneller, wenn man die Basis für den Reis in der *paella*-Pfanne zubereitet und zum Braten der Meeresfrüchte und des Geflügels eine zweite Pfanne benutzt.

FÜR 6 PERSONEN

400 g paella- oder risotto-Reis	*eine Messerspitze Cayennepfeffer*
4–5 EL Olivenöl	*6 Hühneroberschenkel oder 3 ganze Schenkel, halbiert*
1 Zwiebel, gehackt	
2 Knoblauchzehen, feingehackt	*250 g Miesmuscheln, gesäubert (s. Seite 61)*
900 ml Fischfond	*1 TL Paprika*
200 ml trockener Weißwein	*100 g gegarte grüne Bohnen oder Erbsen*
40 Safranfäden oder 0,2 g gemahlener Safran	
250 g rohe Garnelen, aus der Schale gelöst	*200 g rote pimientos aus der Dose, abgetropft*
Salz und frisch gemahlener schwarzer Pfeffer	*3 EL gehackte frische Petersilie*

In der paella-Pfanne (der Pfanne für den Reis) die Zwiebeln in 2 EL Öl braten und den Knoblauch dazugeben, wenn sie weich werden. Den Fischfond zusammen mit dem Wein erhitzen. Eine Tasse voll abnehmen und den Safran darin einweichen.

In einer zweiten Pfanne ebenfalls 2 EL Öl erhitzen. Die geschälten Garnelen 2 Minuten braten (bei Garnelen, die bereits gekocht sind, entfällt dies). Die Garnelen dann beiseite stellen. Die Hühnerschenkel mit Salz, Pfeffer und Cayennepfeffer einreiben und etwa 10 Minuten auf jeder Seite braten; wenn nötig, noch etwas Öl dazugießen.

Den Reis in einem Sieb waschen, abtropfen lassen und dann zu den Zwiebeln in die *paella*-Pfanne geben und einige Minuten unter Rühren erhitzen. Den Paprika darüberstreuen. Die Safranflüssigkeit und ein Drittel des Fischfonds dazugießen und alles zum Kochen bringen. Den Küchenwecker auf 20–25 Minuten stellen. Wenn der Reis die Flüssigkeit aufgenommen hat, ein weiteres Drittel des Fonds dazugießen und die Muscheln, Garnelen und Bohnen oder Erbsen unterheben.

Wenn die Flüssigkeit beinahe verkocht ist, den restlichen Fond hinzufügen und alles noch einmal durchrühren. Das Geflügel in die Pfanne legen und nach unten in die Flüssigkeit drücken. Bei sehr niedriger Temperatur 8–10 Minuten köcheln lassen. Die Flüssigkeit soll verkocht sein, wenn der Wecker klingelt. Probieren, ob der Reis gar ist.

Die *pimientos* in Streifen schneiden und die Reispfanne damit garnieren. Den Herd ausschalten, die *paella*-Pfanne in Zeitungspapier oder Alufolie wickeln und 10 Minuten stehenlassen. So verbinden sich die Aromen, und auch der letzte Rest Flüssigkeit wird vom Reis aufgesaugt. Mit Petersilie bestreuen und servieren. Spanier trinken Rotwein dazu.

Koteletts mit Kapern und Paprikaschoten

○

CHULETAS DE CERDO CON ALCAPARRAS Y PIMIENTO

Schweinekoteletts sind beliebt in Spanien, und sie werden auf einer heißen Metallplatte, *a la plancha*, oder in der Pfanne gebraten. Die säuerliche Paprika-Kapern-Mischung harmoniert ausgezeichnet mit dem Fleisch.

FÜR 4 PERSONEN

4 Schweinekoteletts
3 EL Olivenöl
1 kleine Zwiebel, gehackt
1 Knoblauchzehe, feinge-
hackt
1 grüne Paprikaschote,
Samen entfernt, gehackt

1 rote Paprikaschote,
Samen entfernt, gehackt
1 TL Paprika
Salz und frisch gemahlener
schwarzer Pfeffer
3 EL eingelegte Kapern

Das Öl in einer großen schweren Pfanne erhitzen und die Zwiebeln 10 Minuten dünsten. Den Knoblauch und die gehackten Paprikaschoten dazugeben und etwa 10 Minuten unter gelegentlichem Rühren braten, bis die Zwiebeln weich sind.

Koteletts mit Paprika bestreuen – die gängige Praxis in Spanien, wo Paprika von großer Bedeutung ist und öfter verwendet wird als schwarzer Pfeffer. Mit Salz und Pfeffer würzen. Die Koteletts in der Pfanne braten. Das Gemüse dazu an den Pfannenrand schieben oder auf die Koteletts häufen, bis das Fleisch gar und auf beiden Seiten gebräunt ist. Die Kapern grobhacken, unter die Paprikaschoten mischen und heiß werden lassen.

Reis mit Schweinefleisch und Spinat

○

ARROZ CON MAGRO DE CERDO Y ESPINACAS

„Suppiger" Reis, *caldoso*, ist die spanische Bezeichnung für diese Art von Gerichten, die sich weitaus einfacher zubereiten lassen als eine *paella*.

FÜR 4–6 PERSONEN

350–450 g mageres Schweinefleisch, in Würfel geschnitten	8 junge Knoblauch- oder Frühlingszwiebeln
5 EL Olivenöl	4 Tomaten, gehackt
Salz und frisch gemahlener schwarzer Pfeffer	2 TL Paprika
250 g frischer Spinat, gewaschen, geputzt und gehackt	3 Tassen paella- oder risotto-Reis
	einige Safranfäden
	1,4 l helle Brühe oder Wasser, angewärmt

Das Öl in einer *paella*-Pfanne oder einer großen Schmorpfanne erhitzen und die gewürzten Schweinefleischwürfel anbraten. Wenn das Fleisch goldbraun ist, den gehackten Spinat darauf verteilen und mit einer zweiten *paella*-Pfanne, einem Deckel oder Backblech abdecken.

Wenn der Spinat zusammengefallen ist, Knoblauch oder Frühlingszwiebeln sowie gehackte Tomaten dazugeben und Paprika darüberstreuen. Alles bei schwacher Hitze garen, bis die Tomaten eingekocht sind. Zwischenzeitlich den Reis waschen, abtropfen lassen und mit etwas Salz in die Pfanne geben. Zutaten durchrühren. Safran mit den Fingern zerreiben und in die warme Brühe geben. Brühe zum Köcheln bringen und bei niedriger Hitze 15–18 Minuten garen, bis der Reis weich ist. Abschmecken und Zutaten durchrühren.

Zitronenwasser mit zerstoßenem Eis

○

GRANIZADO

Wenn man abends unter den Bäumen sitzt und nach einem langen heißen Tag auf den ersten kühleren Luftzug wartet, dann ist nichts erfrischender als ein granizado aus Zitronenwasser oder Kaffee.

FÜR 10 PERSONEN

5 saftige Zitronen	550 ml kaltes Wasser
550 ml kochendes Wasser	10 Gläser mit
190 g Zucker	zerstoßenem Eis

Die Zitronen waschen und die Schale mit einem Sparschäler abschneiden. Die Früchte halbieren, den Saft auspressen und beiseite stellen. Die Zitronenschale in einer Schüssel mit dem kochendem Wasser übergießen. Stehenlassen, bis das Wasser abgekühlt ist.

Zitrusschale herausnehmen und Zucker und Zitronensaft unterrühren. Stehenlassen und nach 5 Minuten noch einmal durchrühren, damit sich der Zucker vollständig auflöst. In einer Flasche im Kühlschrank aufbewahren. Zum Servieren die Limonade in einen Krug gießen und mit der gleichen Menge Wasser verdünnen. Hohe, schlanke Gläser mit zerstoßenem Eis füllen, die Limonade darübergießen und mit Strohhalmen trinken.

KAPITEL 11

Die Balearen

---◆·◆·◆---

*Mallorca und Menorca sind Spaniens größte Mittelmeerinseln,
und Ibiza war die erste Hippie-Kolonie in Europa. Viele
Kulturen haben ihre Spuren auf diesen Inseln zurückgelassen,
wo Kapern, Oliven und Mandeln wachsen. Ensaimada, ein
Blätterteiggebäck in Form einer Schnecke, und sobrasada, eine
streichfähige feine Paprikawurst, stammen von dort.
In Mahón auf Menorca wurde die Mayonnaise erfunden, doch
besteht die Küche im allgemeinen eher aus deftigen
Gemüsegerichten und dicken Eintöpfen.*

Garnelen mit Kapern-Mayonnaise

○

GAMBAS CON MAHONESA Y ALCAPARRAS

Mayonnaise und frische Garnelen passen ausgezeichnet zusammen. Mayonnaise wurde auf Menorca erfunden und ist nach der Stadt Mahón benannt, auch wenn die Franzosen oftmals behaupten, sie hätten sie kreiert. Ich habe das klassische Rezept sowie die einfachere Version für den Mixer aufgeführt. Mayonnaise schmeckt nicht, wenn sie nur mit nativem Olivenöl extra zubereitet wird, doch sollte sie ein wenig nach Oliven schmecken.

FÜR 4 PERSONEN

¹/₂–1 kg rohe Garnelen mit Kopf	*grobes Salz* *2–3 EL dicke Kapern*

MAYONNAISE NACH ORIGINALREZEPT

1 EL Weißweinessig eine Prise Salz *2 große Eigelb (sowie 1 Eiweiß, wenn der Mixer benutzt wird)* *300 ml Olivenöl (oder Pflanzenöl und natives*	*Olivenöl extra im Verhältnis 3:1) frisch gemahlener schwarzer Pfeffer*

Als erstes die Mayonnaise zubereiten. Den Essig mit dem Salz in eine Schüssel (oder Mixer oder Küchenmaschine) geben. Die beiden Eigelb hinzufügen und kräftig mit dem Essig verschlagen. (Bei Verwendung des Mixers ein ganzes Ei und ein Eigelb nehmen).

Tropfenweise das Öl (kein natives Olivenöl extra) dazugeben und mit dem Schneebesen unterschlagen, bis die Mischung emulgiert. Wenn die Mayonnaise dick wird, das restliche Öl in etwas größeren Portionen dazugießen. Falls verwendet, als letztes das native Olivenöl unterschlagen. Die Mayonnaise kosten und nötigenfalls nachwürzen.

Selbstgemachte Mayonnaise ist dick, gelb und zähflüssig. Zum Aufbewahren kann sie mit 1–2 EL kochendem Wasser verdünnt werden. Die Garnelen in einem großen Topf mit Salzwasser garen. Große Scampi mit Kopf (von denen 10–12 Stück 1 kg wiegen), brauchen etwa 6 Minuten, große Tiefseegarnelen etwa 3, kleinere 2 Minuten. Kleine Shrimps partienweise garen und nach 1 Minute aus dem kochenden Wasser nehmen. Garnelen abtropfen lassen. In einer Schüssel anrichten und mit grobem Salz bestreuen. Kapern mit dem Löffel zerdrücken und unter die Mayonnaise rühren. Die Mayonnaise in eine Schüssel füllen. Teller für die Garnelenschalen bereitstellen und Servietten reichen, wenn die Garnelen noch heiß sind.

Bunter Salat nach Art der Balearen

○

TREMPÓ

Dieser hübsche frische Salat enthält Obst und Kapern, die an den Berghängen der Balearen wachsen und eingelegt nach ganz Spanien verkauft werden.

FÜR 4 PERSONEN

3 feste Tomaten, in Scheiben
4 EL Olivenöl
3 EL Essig
eine Prise Salz
Frisch gemahlener schwarzer Pfeffer
1 reife Birne, geschält, Kerngehäuse entfernt, in Scheiben geschnitten
1 Apfel, Kerngehäuse ent-

fernt, in Scheiben
2 grüne Paprikaschoten, Samen entfernt, in Ringe geschnitten
2 Frühlingszwiebeln, gehackt
1 kleines Bund Portulak oder Brunnenkresse
2 Kräcker
4 EL Kapern

Die Tomatenscheiben auf einen großen Teller oder in eine flache Salatschüssel legen. Öl, Essig, Salz und schwarzen Pfeffer in einer Schüssel verschlagen. Die Birnen- und Apfelscheiben nach dem Schneiden sofort in der Salatsauce wenden, damit sie sich nicht verfärben. Das Obst auf die Tomaten legen.

Die Paprikaringe darauf verteilen und mit der gehackten Frühlingszwiebel bestreuen. Mit Portulak oder Brunnenkresse garnieren. Die zerbröselten Kräcker und die Kapern darüberstreuen, anschließend den Salat mit der verbliebenen Vinaigrette begießen.

Gemüseauflauf mit Auberginen

○

TUMBET

Auberginengerichte des Mittelmeerraums stammen aus der Zeit der Mauren. Dieses hier muß überarbeitet worden sein, nachdem Tomaten, Paprikaschoten und Kartoffeln aus der Neuen Welt nach Europa gekommen waren. Das Rezept ist ein typisches Beispiel für die deftigen Suppen und Gemüsegerichte der Balearen, die in einer irdenen greixonera zubereitet werden.

FÜR 6 PERSONEN

2 mittelgroße Auberginen
Salz und frisch gemahlener schwarzer Pfeffer
9 kleine Kartoffeln, geschält, in Scheiben
2 große Gemüsezwiebeln, gehackt
125 ml Olivenöl
2 Knoblauchzehen, gehackt
2 große grüne Paprika-

schoten, Samen entfernt, in Streifen geschnitten
1 große rote Paprikaschote, Samen entfernt, in Streifen geschnitten
12 EL gehackte Petersilie
3 Dosen (je 400 g) Tomaten
2 TL Paprika
4 EL Rotweinessig

Die Auberginen in sehr dünne Scheiben schneiden, auf ein Abtropfbrett legen und mit Salz bestreuen. 30–40 Minuten liegen lassen, dann mit Küchenkrepp trockentupfen. Die Kartoffeln 15 Minuten in kochendem Salzwasser garen. Die Zwiebeln in 5 EL Öl bei schwacher Hitze weichdünsten, dann den Knoblauch dazugeben.

Eine etwa 30 cm breite und mindestens 7,5 cm hohe ofenfeste Form mit Öl einfetten. Das Gemüse in drei Lagen einschichten. Als erstes ein Drittel der Kartoffelscheiben hineinlegen, dann die Auberginenscheiben und anschließend die Paprikaschoten mit den Zwiebeln, dem Knoblauch und etwas Öl aus der Pfanne sowie Petersilie. Eine Dose Tomaten mit Saft dazugeben; die Tomaten beim Verteilen mit den Händen zerdrücken. Mit Salz, Pfeffer und Paprika würzen. Das Ganze wiederholen, bis alle Zutaten eingeschichtet sind. Die zweite Lage mit Essig und die letzte Schicht mit 1–1$^{1}/_{2}$ EL Öl beträufeln.

Die Form mit Folie abdecken und für 1 Stunde in den auf 200 °C (Gasherd Stufe 3–4) vorgeheizten Backofen schieben. Dann die Folie abnehmen, die Ofentemperatur auf 170 °C (Gasherd Stufe 2) herunterschalten und alles noch 30–60 Minuten garen, bis das Gemüse gebräunt und die Flüssigkeit eingekocht ist. Der Auflauf schmeckt heiß und kalt ausgezeichnet; er läßt sich auch gut aufwärmen.

Gefüllte Schweinelende mit Mandeln

○

LOMO DE CERDO ALMENDRADO

Lomo (Schweinefilet) ist in Spanien sehr beliebt. Als ich dieses Gericht, bei dem das Fleisch mit gerösteten Mandeln gefüllt wird, zum ersten Mal gegessen habe, bestand es allerdings aus zusammengebundenen Koteletts: eine preiswertere Alternative zu Schweinelende. In diesem Fall werden die Koteletts wie im Rezept beschrieben eingeschnitten, flachgeklopft und übereinandergelegt.

FÜR 6 PERSONEN

900 g Schweinelende (oder 6–7 Stielkoteletts, pariert und die Knochen ausgelöst)	4 EL Sherry (fino) oder Montilla
Salz und frisch gemahlener schwarzer Pfeffer	8 Frühlingszwiebeln, nur die weißen Teile, oder 4 Schalotten, gehackt
100 g Mandeln, geröstet (s. Seite 101)	500 ml Fleisch- oder Hühnerbrühe
2 EL Mehl	125 ml Crème double
1 EL Schweineschmalz oder Butter	1–2 Frühlingszwiebeln, feingehackt (nach Belieben)
1 EL Olivenöl	

Das Schweinefleisch waagerecht einschneiden, bis es fast durchtrennt ist. Wie ein Buch auseinanderklappen und auf beiden Seiten kräftig würzen. Die Mandeln in grobe Stücke hacken und auf der Innenseite verteilen. Das Fleisch wieder zusammenklappen und sechsmal mit Küchengarn binden. Schweinefleisch in gewürztem Mehl wenden. Das Schmalz oder die Butter und das Öl in einem Bräter erhitzen, in den das Fleisch gerade hineinpaßt. Das Fleisch rundum anbraten. Mit dem Sherry ablöschen, die Flüssigkeit reduzieren und das Fleisch damit begießen.

Die Frühlingszwiebeln oder die Schalotten dazugeben und einige Minuten braten. Die Brühe mit in den Bräter gießen. Ein Stück Alufolie und dann den Deckel auf den Topf legen. Das Fleisch 1 Stunde schmoren.

Den fertigen Schmorbraten aus dem Topf nehmen und an einem warmen Platz ruhen lassen. Die Schmorflüssigkeit auf die Hälfte einkochen. Die Sahne unterrühren und die Sauce wieder erhitzen. Im Gegensatz zu dem traditionellen Rezept püriere ich die Sauce. Das Fleisch in Scheiben schneiden und auf einer Servierplatte anrichten. Mit der Sauce übergießen. Nach Belieben etwas feingehackte Frühlingszwiebel darüberstreuen.

Pizza mit Gartengemüse

○

COCA ENRAMADA

Cocas, die schneller gemacht und bäuerlicher als italienische Pizza sind, werden weder mit Tomatensauce noch mit Käse zubereitet. Es gibt sie auch in Valencia und in Katalonien, und frisch aus dem Ofen schmeckt die Kombination von Brot, Gemüse und Olivenöl einfach köstlich. Mitunter kommen zusätzlich frische Sardinen oder in Scheiben geschnittene Wurst darauf, und für Festtage gibt es auch eine süße Version.

FÜR 4–6 PERSONEN

1 Gemüsezwiebel, feingehackt	1 große Fleischtomate, abgezogen und entkernt
4–5 EL natives Olivenöl extra	Salz und frisch gemahlener schwarzer Pfeffer
2 kleine grüne Paprikaschoten, Samen entfernt, gehackt	

FÜR DEN TEIG

150–175 ml Milch	250 g Mehl sowie Mehl zum Kneten
25 g frische Hefe oder 1½ TL Trockenhefe	1 TL Salz
½ TL Zucker (nach Belieben)	2 EL Olivenöl sowie Öl für die Schüssel

SPANISCHE KÜCHE

ÜBER 100 TRADITIONELLE REZEPTE
AUS DEN SPANISCHEN REGIONEN

PEPITA ARIS

Als erstes den Hefeteig zubereiten. Dazu die Milch auf Körpertemperatur anwärmen. Frische Hefe in einer Tasse mit dem Zucker und der Hälfte der Milch verrühren und etwa 10 Minuten an einem warmen Platz gehen lassen, bis sich Blasen bilden. Trockenhefe nach Anweisung des Herstellers verarbeiten.

Das Mehl in die Schüssel der Küchenmaschine (oder andere große Schüssel) sieben und Salz untermischen. Trockenhefe oder aufgegangene Frischhefe und das Öl dazugeben. Zutaten mit der verbliebenen Milch zu einem Teig verarbeiten. Bei Verwendung der Küchenmaschine alles 3–4 Minuten durchkneten. Oder den Teig auf der bemehlten Arbeitsfläche kräftig mit dem Handballen flachdrücken und anschließend wieder zu einer lockeren Kugel zusammennehmen. Den Teig so durchkneten, bis er elastisch ist. Den Hefeteig zu einer Kugel formen und in eine mit Öl gefettete Schüssel legen. Mit einem Tuch abdekken und 30 Minuten an einem warmen Platz gehen lassen.

Den Backofen auf 220 °C (Gasherd Stufe 4–5) vorheizen. In der Zwischenzeit die Zwiebeln in 3 EL Öl weichdünsten. Eine 30 cm große Pizzaform mit Öl einfetten. Den Teig, wenn er sein Volumen verdoppelt hat, in die Mitte der Form legen und mit den Handknöcheln flachdrücken; am Rand soll er etwas höher sein. Den Rand mit Öl bestreichen und die Zwiebeln auf dem Teig verteilen. Paprikaschoten und Tomaten daraufgeben und salzen und pfeffern. Das Gemüse mit 1 EL Öl beträufeln. Für 25-30 Minuten in den Backofen schieben.

Kaplans „Rebhühner"

○

PERDICES DE CAPELLÁN

Ein Gericht mit einem falschen Namen, das armen Geistlichen aufgetischt wurde. Es handelt sich dabei keineswegs um Rebhühner, sondern um dünne Rouladen, die mit Wurstbrät gefüllt sind. Auf Mallorca werden die Rouladen mit einer dünnen Scheibe erstklassiger *sobrasada*, einer feinen, streichfähigen Paprikawurst, gefüllt. Wenn ich die richtigen Zutaten bekomme, koche ich das Rezept mit Kalbsschnitzeln, rohem Schinken und Weißwein. Andernfalls nehme ich preiswerte Alternativen – Rindfleisch, gekochten Schinken und Wurstbrät, das mit Paprika und Rotwein verfeinert wird. Mit Sicherheit gut genug für einen Vikar!

ERGIBT 6 KLEINE PORTIONEN

3 dünne Scheiben Rinderfleisch aus der Oberschale, etwa 550 g
6 Scheiben gekochter Schinken
etwa 250 g gutes Wurstbrät
2 TL Paprika (edelsüß)
3 EL Butter
1 EL Olivenöl

3 Knoblauchzehen
etwa 1 EL Mehl
Salz und frisch gemahlener schwarzer Pfeffer
125 ml Weißwein
1 Stengel Oregano
1 Zweig Thymian
125 ml Fleisch- oder Hühnerbrühe oder Wasser

Die Rindfleischscheiben mit Klarsichtfolie abdecken, mit einer Weinflasche flachklopfen und halbieren. Je 1 Scheibe Schinken darauflegen und das Fleisch passend schneiden, damit keine Ansatzstellen vorhanden sind. Die Rindfleischscheiben sollten dann jeweils ca. 85 g wiegen; wenn man Kalbfleisch verwendet, ist dies das Gewicht für die einzelnen Schnitzel.

Das Wurstbrät in einer Schüssel mit dem Paprika vermengen. Das Wurstbrät in sechs gleiche Portionen teilen und an einem Ende auf die Fleischscheiben mit dem Schinken geben. Zusammenrollen und das Ende mit einem Zahnstocher feststecken.

In einer Schmorpfanne, in der die Rouladen gerade Platz haben, die Butter und das Öl mit den Knoblauchzehen erhitzen. Knoblauch in einen Mörser geben, sobald er zu bräunen beginnt. Die Rouladen mit gewürztem Mehl bestäuben und mit dem Zahnstocher nach unten in die Pfanne legen. Braten, bis sie rundum gebräunt sind.

Wein und Kräuter zugeben und soviel Brühe angießen, daß die Rouladen beinahe bedeckt sind. Deckel auflegen und die Rouladen 30 Minuten köcheln lassen (Rindfleisch braucht länger als Kalb). Deckel abnehmen. Sauce einige Minuten einkochen. Die Zahnstocher entfernen und die Rouladen zum Servieren mit der Sauce begießen.

Colorante, das hier gezeigte orangerote Pulver, ist ein Ersatz für Safran und erheblich preiswerter als echte Safranfäden.

Käsekuchen mit Minze

FLAÒ

Hier ein weiteres sehr altes Rezept, das im gesamten Mittelmeerraum verbreitet ist und bereits im ersten spanischen Kochbuch zu finden ist, das Ende des 15. Jahrhunderts gedruckt wurde. Auf Ibiza ißt man diesen Käsekuchen in der Osterzeit.

FÜR 8 PERSONEN

4 kleine Eier
4 EL Honig
170 g sehr feiner Zucker
600 g Sahnequark
15 frische Minzeblätter

1 EL trockener Anisschnaps oder Anisette (Pernod)
Puderzucker zum Bestäuben

FÜR DEN TEIG

180 g Mehl sowie Mehl zum Ausrollen
eine Prise Salz
4 EL kalte Butter, gewürfelt, sowie Butter zum Einfetten der Form

1 kleines Ei
1 TL trockener Anisschnaps oder Anisette (oder Pernod)
1 1/2–2 EL Milch

Als erstes den Teig zubereiten. Das Mehl mit dem Salz in die Schüssel der Küchenmaschine oder eine andere Schüssel sieben. Die Butter dazugeben und dann das Ei, den Schnaps und soviel Milch unterarbeiten, daß der Teig zusammenhält. Den Teig zu einer Kugel zusammennehmen und für 15 Minuten in den Kühlschrank legen.

Den Backofen auf 170 °C (Gasherd Stufe 2) vorheizen und ein schweres Backblech mit in den Ofen schieben, damit es heiß wird. Für die Füllung die Eier mit dem Honig und dem Zucker verschlagen. Den Quark, die Minzeblätter und den Anisschnaps unterrühren.

Den Teig auf der bemehlten Arbeitsfläche ausrollen. Eine flache Backform mit herausnehmbarem Boden von etwa 25 cm Durchmesser mit Butter einfetten. Ausgerollten Teig locker um das Nudelholz wickeln und über der Form abrollen. Teig andrücken. Füllung hineingießen und glattstreichen. Kuchen auf das Backblech stellen; 40–50 Minuten backen, bis er etwas aufgegangen und goldbraun ist. Den Käsekuchen 5 Minuten abkühlen und den Ring der Backform abnehmen. Den Kuchen kalt stellen. Mit frischen Minzeblättern verzieren oder mit Puderzucker bestäuben.

Register